監修
北出 勝也
視機能トレーニングセンター
ジョイビジョン代表
米国オプトメトリスト

視覚を鍛えて読み書き・運動上手に！

発達障害の子のビジョン・トレーニング

VISION TRAINING

健康ライブラリー
スペシャル
講談社

まえがき

米国留学を終えて、日本に戻り、視機能トレーニングセンターの活動をはじめてから、12年がたとうとしております。最初のころはまったく知られておらず、手さぐりの状態で私も勉強させていただきながら歩んできました。お子さんや保護者の方にもご迷惑をかけながらの歩みだったと思います。このような私といっしょに歩んでいただき、感謝いたします。

この間、私の講演などを聴いていただきビジョン・トレーニングをいろいろな現場で指導にとり入れてくださっている先生方も増えてきました。現場の先生方から学ばせていただくことも多く、ビジョン・トレーニングを実践している同志として、感謝いたします。

自分のもっている視覚機能を必ずしも十分に活かしきれていない人も多いです。視覚機能についてはあまり知られていないということもあり、なにかできないことがあって、自分はダメなんじゃないか、と悩んでいる方も多いことでしょう。私もそう思っていたひとりです。

毎日の少しのトレーニングの積み重ねで、視覚機能は培われていきます。子どもから大人まで、少しでも視覚の機能を伸ばすことで、自分の力をもっと発揮して、楽しく、いきいきと生きていける人がひとりでも多く増えていくことが私の願いです。本書によって視覚機能への理解がますます広がっていくことを希望しております。楽しみながら、がんばりすぎず、遊びのようにとりくんでみてください。

生きていることの喜びを観ること、それがビジョン・トレーニングの目標です。

視機能トレーニングセンターJoy Vision（ジョイビジョン）代表
米国オプトメトリスト
北出 勝也

発達障害の子のビジョン・トレーニング

視覚を鍛えて読み書き・運動上手に！

もくじ

3×5
7×8

北出先生からのメッセージ

見え方の悩みが見過ごされています

誤解されやすい

何度注意されてもできなかったり、間違えたりするので、保護者や教師から「努力不足」「なまけている」などと誤解されることがある。

1 文章を読むといつも1～2行読みとばす子や、運動全般を極端に苦手としている子がいたとき、どのように対応していますか？　くり返し練習させることが多いのではないでしょうか。

字を書くのが苦手で、宿題をするのにも人より時間がかかる

2 練習をして、その努力が実をむすべばよいのですが、なかなか結果につながらないこともあります。そんなときには、苦手なことの背景を考えてみるのが大切です。

見え方の悩みがあると、宿題をするだけでヘトヘトに疲れてしまう

3 一生懸命やっても結果が出ない場合には、その子の努力の問題ではないでしょう。背景に視覚機能の問題や発達障害があり、見え方がほかの子と違うのかもしれません。

見え方がほかの子と違う

視覚機能の問題がある子は、ほかの子と同じようにものを見ることが難しい。教科書の文字が重なって見えたりするため、文章を読むだけでも苦労する。視力のよしあしとは性質の異なる問題で、視力矯正以外の対応が必要。

4 大人で、ものがよく見えている人には、見え方の悩みをもつ子どもの大変さは、なかなか理解できません。そのため、保護者や教師は子どもにあやまった指導をしがちです。

5 本人は、大人の指示をよく聞いて、自分もほかの子と同じようにがんばろうとします。しかし、なんらかの背景がある場合、通常の練習では効果は出にくいのです。

ほかの子と同じ量の宿題が、見えづらい子にとっては途方もない苦痛になる

6 子どもが見え方に悩んでいるようだと感じたら、視覚機能の専門家に相談しましょう。数は少ないものの、相談を受け付けている機関があります。

7 専門家のもとでは視覚機能を向上させる「ビジョン・トレーニング」を受けることができます。見え方の悩みが改善されると、勉強や運動にとりくみやすくなります。

トレーニングでは、勉強や運動など苦手なこととは一見、関係のないことをする。子どもは抵抗なくとりくめる

8 トレーニングですべての問題が解決するわけではありません。しかし、見え方が改善すれば、生活全般によい影響が出ます。見え方以外の問題にとりくむときにも、苦労することが減ります。

セルフ・エスティームの改善

ほかの子と同じようにできず、叱責《しつせき》されていると、セルフ・エスティーム（自尊感情）が弱くなる。トレーニングによって視覚機能が改善すれば、それにともない、自尊心も回復する。

ビジョン・トレーニングに今日からとりくみましょう！

1 見え方の違いに悩む子どもたち

私たちは、見え方のよしあしを視力で判断することに慣れています。
そのため、視力がよい子にはものは見えていると考えがちです。
ところが、視覚機能の問題を抱え、見え方に悩んでいる子のなかには、
視力がよい子や、メガネで視力を矯正している子もいます。
見え方の違いとは、視力の違いではないのです。

Aくんの場合

視力はよいのに読み書きが極端に苦手

視覚機能の問題は子どもの場合、学校生活で顕著《けんちょ》に現れます。読み書きが苦手で、勉強が困難になっていることがしばしばあります。

プロフィール

Aくんは小学3年生の男の子。小学校入学当初から読み書きが苦手で、勉強が遅れがち。ただし、知的発達の遅れはみられない。

1 Aくんは読むことがとくに苦手。教科書の文章を読もうとすると、2つの行が重なって見えたり、バラバラに分かれて見えたりして、内容が理解できない。

どこを読んでいるか、なにが書いてあるか、わからなくなり、混乱する

2 読みづらいことを両親に話し、眼科に行って視力測定をおこなったが、視力には問題がなかった。

視力の問題ではない

Aくんは、視力が悪くて文字が読めないわけではない。視覚機能の働きに問題があり、文字の形を認識したり、覚えたりするのが難しい。

視力はよいほうで、母親より先に飲食店の看板を見つけたりする

3 教科書が読みこなせないため、授業についていけない。宿題をするのも難しく、結果として勉強が嫌いになってきた。

4 母親がテレビ番組でLD（学習障害）のことを知り、Aくんの悩みが当てはまったため、発達小児科へ。見込みどおり、LDだと診断された。

受診のときは、学校や家庭での様子を話す。子どものノートなどを持参すると診断の参考になる

5 発達小児科から視覚の専門家を紹介され、検査を受けた。視覚機能の問題があり、それがLDと関連していることがわかった。

発達障害との関係

ADHD（注意欠陥／多動性障害）やLDなどの発達障害（36ページ参照）のある子は、視覚機能の問題を伴うことが多い。どちらかに気づいたら、重複を考慮して対応するとよい。必ず重複するわけではないことにも注意。

読み書きの悩みとして現れることが多い

視覚機能の問題は、子どもの場合は読み書きの悩みとして現れることが多いようです。

文字の覚えが悪い、字が汚い、読みとばしが多いなどの問題が起き、学校で教師からたびたび指摘されます。

また、テストの点数が悪く、教師だけでなく、親からも勉強のできない子だと思われてしまいがちです。

専門家からの指摘で気づく

保護者や教師が、子どもの勉強の様子を見ただけで、視覚機能の問題に気づくことはまれです。気づけなかったとしても、落ち度はありません。

Aくんの場合のように、なんとなくおかしいことに気づき、人に相談するうちに、専門家から視覚機能のことを指摘されて、はじめて気づくのがふつうです。

Bさんの場合

距離感がつかめず、スポーツで失敗する

視覚機能は、日常のさまざまな動作や、スポーツをするときにも大きく影響します。体の動きに問題が生じる子もいます。

スポーツには高度な視覚機能が必要

視覚機能は、体を動かすときにも重要な役割を果たします。とくにスポーツで顕著です。

バスケットボールやサッカーなどの球技では、ボールを素早く視野にとらえる必要があります。同時に、敵と味方を見分け、さらに体を瞬時に反応させて、ボールを扱わなくてはなりません。

簡単なことのようですが、いずれも高度な視覚機能を必要とする動作です。

視覚機能に問題があると、こうした一連の動作がスムーズにできません。

そのため、運動全般が苦手になっていきます。

読み書きだけではない

視覚機能に問題があると、読み書きだけでなく、体を使ってすることすべてに影響が出やすい。ボール遊びの苦手さとして、表面化することが多い。

プロフィール

Bさんは小学1年生の女の子。
幼稚園の年長組のときに、
ADHDだと診断された。
不注意の特性があり、
そのためか、体を正確に
動かすことが苦手。

1 体を動かす遊びが苦手。バドミントンをしても空振りばかりでゲームにならない。なわとびもよくひっかかる。

動く羽根をラケットで打つことがなかなかできない。距離がつかめない

国語
国語
小さなプリントの文章を読むときでも、頭が大きく動く

2 スポーツだけでなく、手先を使うこまかい作業も苦手。工作ではさみを使ったり、のりをぬったりすることが上手にできない。

3 Bさんは、じつは眼球運動がうまくできていない。そのため、バドミントンの羽根や、工作中の手元をじっと見続けることが苦手。

眼球運動がポイント

Bさんは授業中に教科書やプリントを読むとき、文字の流れに合わせて上下左右に頭を動かす。眼球運動が苦手なぶん、頭の動きで補っていた。

4 Bさんは文章を読むとき、頭がひんぱんに動く。その様子を見た担任教師は、Bさんがなんらかの見えづらさを抱えているのではないかと考え、母親に伝えた。

お手玉で遊ぶことは、動くものを眼で追うトレーニングになる

5 母親は専門家に相談。その結果、眼球運動の問題がようやくわかってきた。トレーニングを受けはじめ、視覚機能が改善すると、Bさんはプリントを落ち着いて読めるように。

Cくんの場合

字や絵を書くときに線が大きくずれる

文字や絵が独特のバランスになったり、左右が逆転したりする子がいます。この場合も視覚機能が影響していることがあります。

プロフィール

Cくんは5歳の男の子。保育園に通っている。ひらがなやカタカナを書こうとすると、左右反転した鏡文字になることがある。

1 Cくんはものの形を書き写すのが苦手。動物の絵を書くと、しっぽや耳などが欠ける。眼から得た情報を、正確に把握できていない可能性がある。

2 ひらがなやカタカナの練習をしても、なかなか上達しない。鏡文字になったり、四角いマスから字が大きくはみ出したりする。

みんなでお絵書きをすると、Cくんだけ、ほかの子と違う形に書くことが多い

発達障害の診断がない子も

視覚機能に問題があるからといって、必ずしも発達障害があるわけではない。発達障害の診断がなくても、見えづらさがあれば支援は必要。

3 発達障害を疑った両親はCくんを専門医にみせたが、診断はつかなかった。確かに書くことは苦手だが、ほかには悩みはない。

ほかの専門家の支援も受ける

視覚の専門家だけでなく、作業療法士や言語聴覚士など、子どもの発達を支援する、ほかの専門家にも相談。子どもを多方面から支えていく。

4 知人の紹介で、作業療法士のもとへ。鉛筆の持ち方やはしの使い方など、日常の基本的な動作のトレーニングを受けることにした。

作業療法の専門家は「スクーターボード」という専用器具を使うなどして、子どもの発達をたすけてくれる

5 作業療法士から視覚の専門家を紹介され、視覚支援も受けはじめた。少しずつではあるが、字も絵も正確になってきた。

入学前に気づかれる子もいる

視覚機能の問題が生活に影響するのは、多くの場合、小学校に入るころからです。しかしなかには就学前に気づかれる子もいます。

就学前にかな文字の練習をしたとき、字の形があまりにも独特だった場合などです。保護者が心配して保育士や子育ての専門家に相談し、その結果、視覚支援の専門家に行きつくことがあります。

最近では発達障害が認知され、保護者や保育士、教師が子どもの困難に敏感になっています。そのため、早くから支援を受けられる子もいるのです。

何歳ぐらいから問題が現れるのか

視覚機能の問題を相談にくるのは、五歳くらいから一〇歳代前半の子どもが中心です。勉強やスポーツがうまくいかないことをきっかけに、親が心配して相談にくるものです。

中高生になって、はじめて相談にくるケースもあります。その場合も、問題は幼少期からあり、工夫して乗り越えたか、支援不足のまま成長してきたか、どちらかになります。

悩みに気づく

保護者や教師は視力の問題だと考えがち

見え方の悩みは、視力の問題としてとらえられがちです。くわしい背景は、よっぽどの専門家でなければわかりません。

見えづらさには気づく

子どもの様子を見て、「ひょっとして眼が悪いのかな？」と気づくことはあります。ふつうは眼科に連れて行き、視力検査をしてもらいます。

視力が悪いと考える

子どもがよく転んだり、たびたびものにぶつかったりすると、視力が悪くて、よく見えていないのだろうと考える

ボールを投げると、まるで違う位置に手を出す。距離感が不正確なのは視力のせい？

気づけなかった自分を責めないで

視覚機能の問題のやっかいな点は、子ども本人はもとより、親や教師など周囲の大人でも気づくのが難しいことです。

そもそも、見え方の詳細を他人と比べることは、専門知識がなければできません。一般の人が自分で視覚機能の問題点に気づくことはまれなのです。

大事なのは、気づけなかった自分を責めないこと。気づけなくて当たり前です。

発見が遅れても、手遅れではありません。トレーニングはいつからはじめても、効果が出ることが多いのです。安心して、いまからとりくみましょう。

視覚機能とは考えない

子どもの見え方が気になるとはいっても、ほとんどの親は視力が悪いからメガネが必要なのかと思うでしょう。視覚機能の問題だとは考えません。

視力検査をすれば、眼のよさや見え方のすべてがわかると考えがち

眼科で調べてもらう

視覚の専門家に調べてもらう

ビジョントレーニングにとりくむ

原因がわからず対処できない

ひたすら練習させる

アドバイスで気づく

視覚の専門家や発達障害の専門医などから視覚機能に関するアドバイスを受ければ、背景に気がつく場合もある。

わからなくて当然

視力測定をしても、視力に問題がないといわれれば、それ以上、眼のことには対処しないのがふつう。

悩みに気づく

療育の専門家でも気づかないことがある

日本では、視覚機能の問題は、まだ認識されはじめた段階です。子どもの発達や治療の専門家であっても、発見が難しいのが現状です。

気づく人は少ない

残念ながら、日本では視覚機能の問題が子どもの成長に影響することについて、まだ十分に知られていません。注目されるようになったのは、ごく最近のことです。

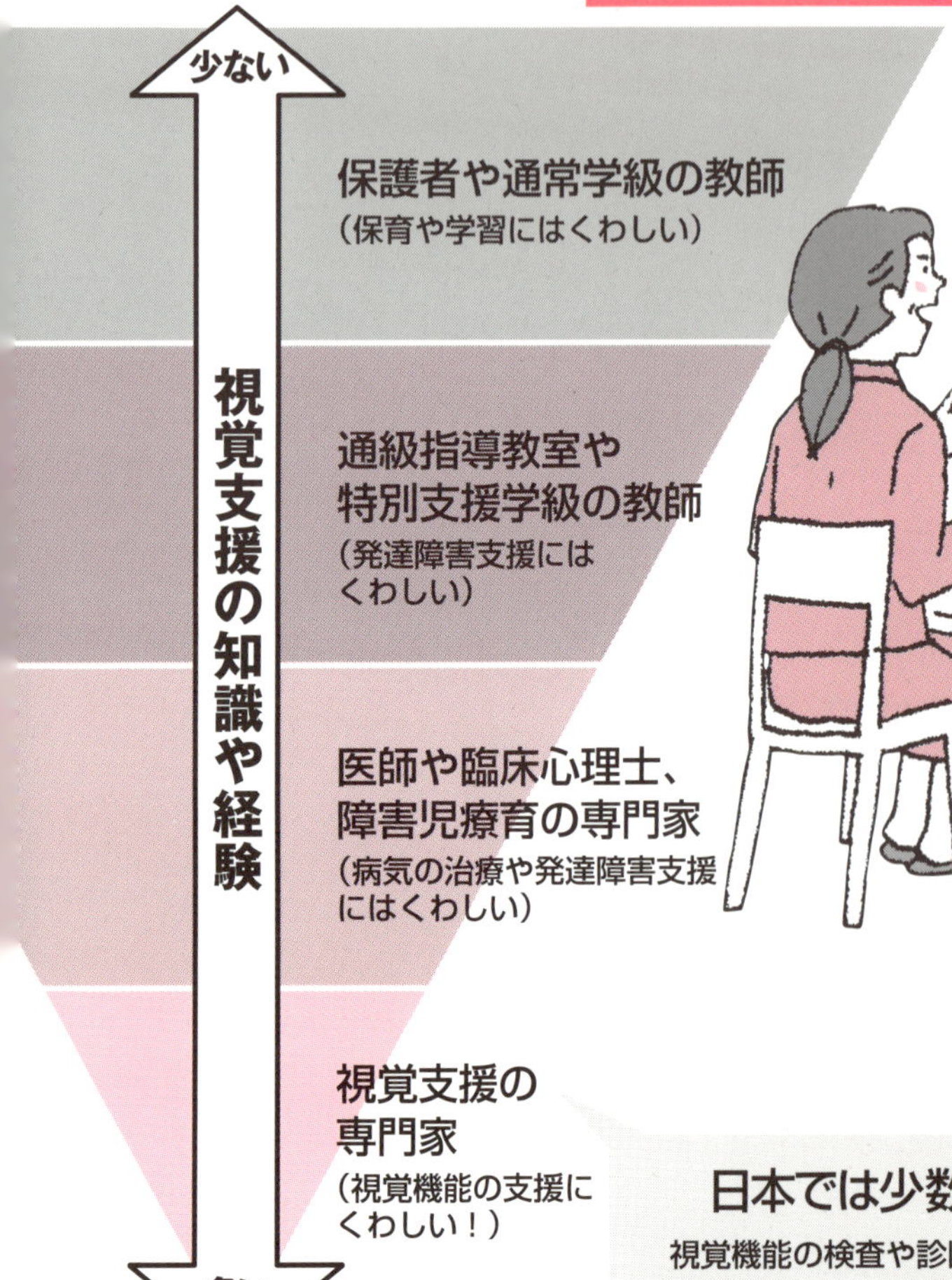

少ない
視覚支援の知識や経験
多い
保護者や通常学級の教師
（保育や学習にはくわしい）
通級指導教室や特別支援学級の教師
（発達障害支援にはくわしい）
医師や臨床心理士、障害児療育の専門家
（病気の治療や発達障害支援にはくわしい）
視覚支援の専門家
（視覚機能の支援にくわしい！）

臨床心理士は子どもの悩みにはくわしいが、視覚機能にまでは支援の手がおよばない

日本では少数

視覚機能の検査や診断、トレーニングをおこなえる専門家はまだごくわずか。しかし、相談窓口はあるので、気になるときは相談してみよう。

こまめに情報交換を

子どもが日ごろどんなことで困っているか、情報を集めておくと、専門家に上手に相談できます。家庭と学校で連絡をとり合い、子どもが困っている場面、失敗した場面をくわしく把握しましょう。

子どもの読み書きについて気になる点がないか、教師に質問する

保護者と教師で相談を

連絡帳などを使って情報交換。問題の把握や、対応を一貫させることに役立つ。見え方の問題は学校で起きやすいため、教師の協力は重要。

気づくポイント

●幼児期……日常生活や遊んでいる様子で気づきやすい。
・はしが上手に使えず食べこぼしが多い
・絵本のページがめくれない
・つみ木遊びやボール遊びが苦手
・洋服のボタンがかけられない
・ものや人によくぶつかる
●学童期……小学校での授業でほかの子との違いが目立つ。
・読み書きが極端に苦手
・マス目にしたがって文字を書けない
・読みとばしが多い
・漢字が書けない・覚えられない
・運動や工作など、体を動かすことが、苦手

視覚への支援ははじまったばかり

教育や医療の関係者間で、子どもの視覚支援への意識が高まりつつあります。教師が子どもの見え方の悩みに気づき、専門家を紹介する例も出てきています。

支援ははじまったばかりで、視覚支援を知らない人も大勢いますが、そういった人たちともぜひ情報交換をしてください。

一人ひとりが視覚支援の情報を広げることが、子どもの暮らしやすさをつくるたすけとなります。

コラム

大人にもシとツを書き分けられない人がいる

いまの子どもだけの問題ではない

日本で子どもの視覚機能の問題が注目されるようになったのは最近ですが、この問題はいまにはじまったことではありません。

アメリカでは、視覚の専門家が六〇年以上前からトレーニングをしています。日本にも、昔から見え方に悩む子はいたでしょう。

ただ、昔は子どもが外遊びをすることが当たり前でした。野山を探検したり、広場で球技を楽しんだりして、自然に視覚を発達させていたのだと考えられます。

現代では、子どもが眼を大きく動かすことが減っています。それに加え、視覚支援の知識が広まり、問題が注目されているのでしょう。

元気に生活できていれば問題ない

見え方の悩みを抱える子には支援が必要です。しかし、昔の子どもが生活のなかで視覚を鍛え、いま大人になって元気に生活しているであろうことを考えれば、あせる必要はありません。じっくり支援していきましょう。

いまからでも、トレーニングに少しずつとりくみ、できる範囲で視覚機能を改善していければ、それで十分です。

大人のなかにも、視覚的な認知能力が弱くて、字を書き間違える人がいます。それでも、元気に生活できていればよいのです。生活に支障が出る問題さえ改善できれば、幸せに暮らしていけます。

町で書き間違いを見かけることは、けっして珍しくない

2 視覚機能を調べれば原因がわかる

視力を調べても、小児科に行っても
子どもの悩みの背景がわからないときには、
視覚機能の専門家のところで、検査を受けましょう。
機能をくわしく調べることで、
悩みの原因がわかる場合があります。

見え方を調べる

悩みの背景に視覚機能の問題がある

子どもが読み書きや運動を極端に苦手としている場合、背景に視覚機能の問題があるかもしれません。

10ページに登場したAくんは勉強が遅れがちだが、その背景には発達障害と視覚機能の問題があった

背景は子どもによって異なる

同じように勉強を苦手としている子どもたちでも、その背景は子どもによってさまざまです。勉強法が合っていない子もいれば、視覚機能に問題がある子もいます。

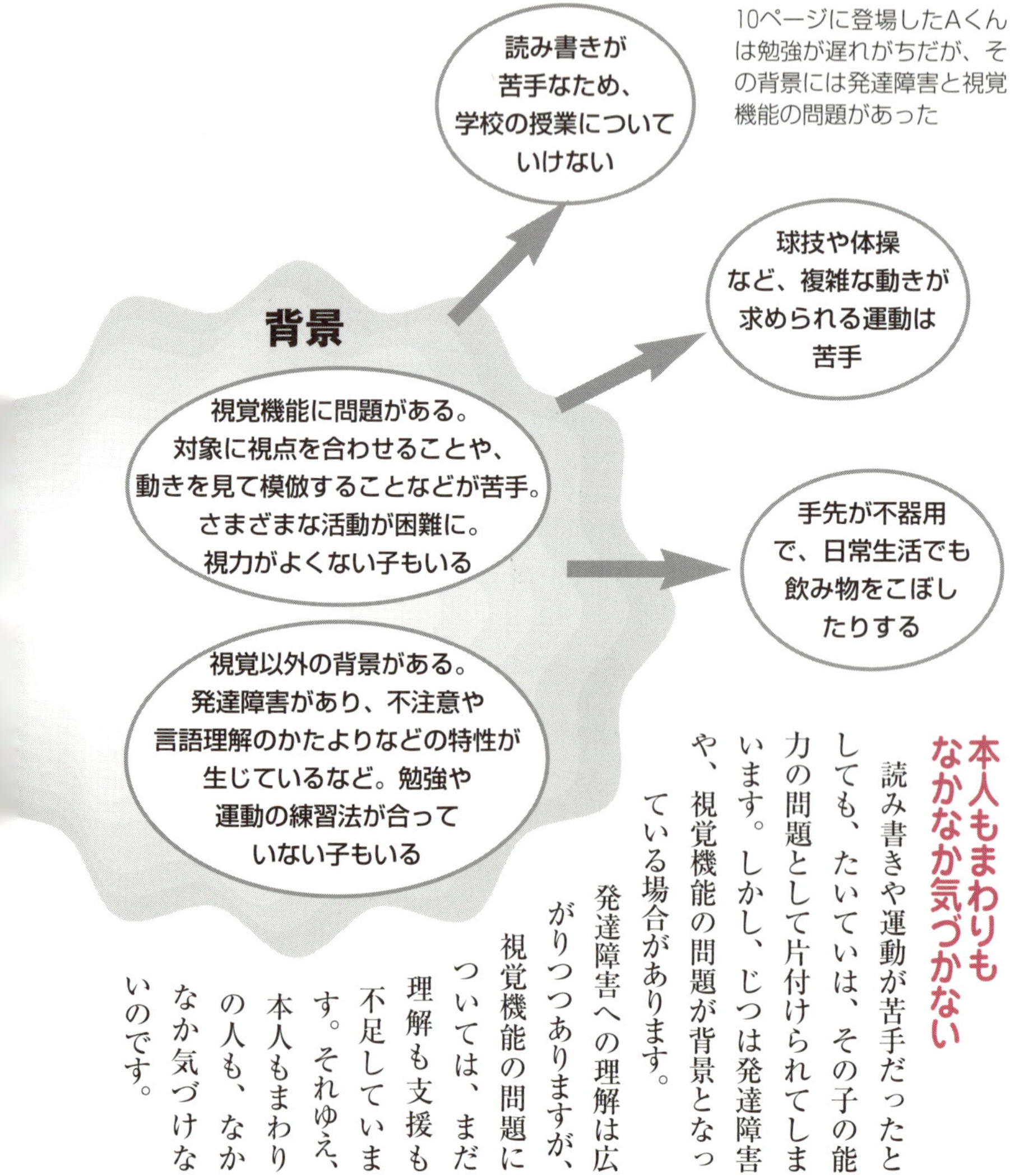
背景
視覚機能に問題がある。対象に視点を合わせることや、動きを見て模倣することなどが苦手。さまざまな活動が困難に。視力がよくない子もいる
視覚以外の背景がある。発達障害があり、不注意や言語理解のかたよりなどの特性が生じているなど。勉強や運動の練習法が合っていない子もいる
読み書きが苦手なため、学校の授業についていけない
球技や体操など、複雑な動きが求められる運動は苦手
手先が不器用で、日常生活でも飲み物をこぼしたりする

本人もまわりもなかなか気づかない

読み書きや運動が苦手だったとしても、たいていは、その子の能力の問題として片付けられてしまいます。しかし、じつは発達障害や、視覚機能の問題が背景となっている場合があります。

発達障害への理解は広がりつつありますが、視覚機能の問題については、まだ理解も支援も不足しています。それゆえ、本人もまわりの人も、なかなか気づけないのです。

人間は情報の八割を視覚で得ている

人間の体は、視覚や聴覚、触覚などの五感を使って、外部から情報を得ています。その情報によって、脳から体の各部に指令が出され、さまざまな反応が起きます。

外部から得る情報のうち、八割は視覚から得ているといわれています。視覚が十分に働かなければ、それだけ不利になるということです。視覚機能の問題を抱えている子が勉強や運動を苦手とするわけも、よくわかります。

トレーニングによって改善する

ものの見方は、学ぶことができます。悩みの背景に視覚機能の問題がある場合には、少なくともその部分は、トレーニングによって改善できる可能性があります。

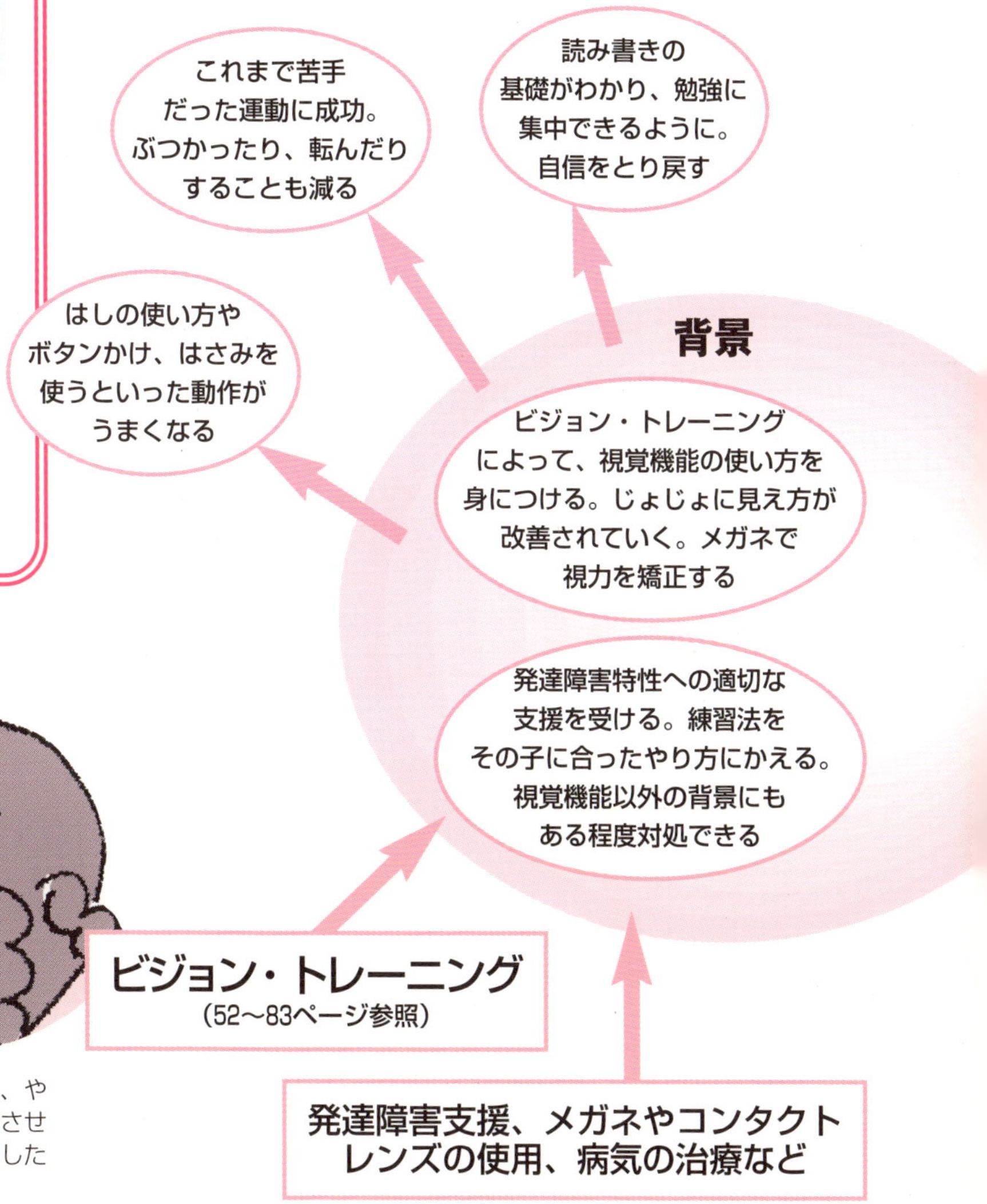
これまで苦手
だった運動に成功。
ぶつかったり、転んだり
することも減る
読み書きの
基礎がわかり、勉強に
集中できるように。
自信をとり戻す
はしの使い方や
ボタンかけ、はさみを
使うといった動作が
うまくなる
背景
ビジョン・トレーニング
によって、視覚機能の使い方を
身につける。じょじょに見え方が
改善されていく。メガネで
視力を矯正する
発達障害特性への適切な
支援を受ける。練習法を
その子に合ったやり方にかえる。
視覚機能以外の背景にも
ある程度対処できる
ビジョン・トレーニング
（52～83ページ参照）
発達障害支援、メガネやコンタクト
レンズの使用、病気の治療など

8ページの子のように、やみくもに勉強や運動をさせるより、まずは支援をしたほうがよい場合もある

視覚機能を調べる自己チェックリスト

視覚機能を調べるためには専門の検査を受けるのがいちばんですが、チェックリストを使って、子どもにどんな支援が必要か、おおよその見当をつけることもできます。

生活チェックリスト

当てはまるところに○をつけてください。○が多くついたところには支援が必要だと考えられます。

種類	No.	質問	回答
読む	1	音読で行をとばす。同じところを何度も読む。読んでいる場所がわからなくなる	
	2	読むときに、非常に長く時間がかかる	
	3	読むときに、頭や体を大きく動かす	
	4	計算はできるが、文章題になると理解することが難しい。答えが出せないことがある	
	5	読んだり書いたりするときに、頭を本やノートに非常に近づける	
見る	6	近くを見るときに、頭をななめにして見ようとする。片目をおおって見る	
	7	しきりにまばたきをする。眼をこする。眼を細めて見ようとする	
	8	作業中や話を聞くときなど、集中して見ることが苦手で、たえず視線を動かしている	
	9	近くを見る作業を嫌がったり、さけたりすることがある	
	10	両眼が外側によったり内側によったりして、同じ方向を見ていないことがある	
	11	黒板に書かれた文章をノートに書き写すことに時間がかかる	
書く	12	漢字をなかなか覚えられない。鏡文字など、書き間違いが多い。似た字を間違える	
	13	ひし形など、書くことが苦手な図形がある。図形の問題が苦手	
見て動く	14	文字を書くときにマスからはみ出す。読めないくらい形が整わない文字を書く	
	15	筆算で、けたをそろえて書き、計算するのが難しい。位がずれることがある	
	16	小学2年生以上で、靴をはくときなどに、左右を間違えることがある	
	17	球技が苦手で、投げられたボールをうまく受けとることが難しい	
	18	はさみを使って直線上や曲線上をうまく切ることができない。不器用	
	19	ダンスや体操で、まねをして体を動かすことが苦手	
	20	方向認識が悪く、よく道に迷う	

回答からわかること

読む・見る・書く・見て動くという4つの動作のうち、とくに多く○がついたところの解説を読んでみてください。

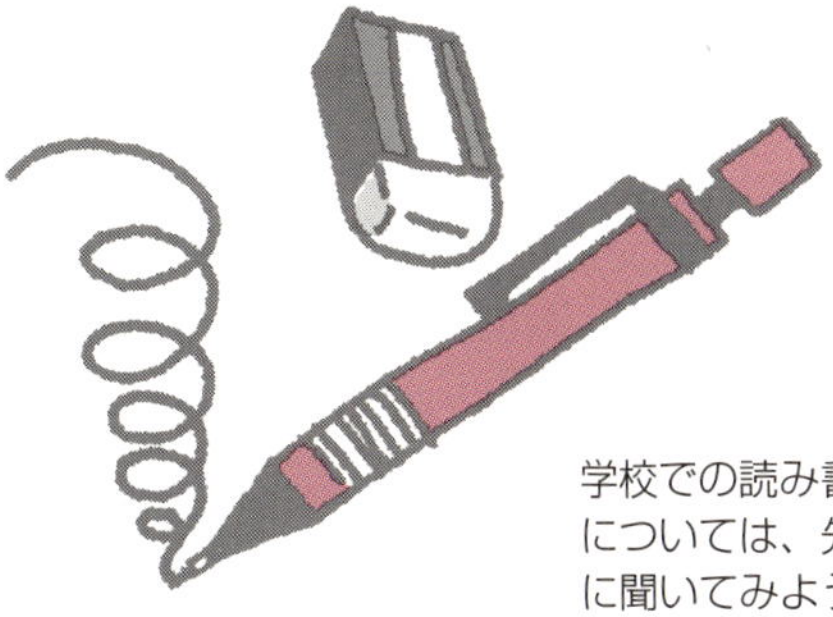

学校での読み書きについては、先生に聞いてみよう

1～5にチェックがある

文字や文章を読むことは、情報を入力する作業。眼球運動が大きく関わっている。文字を追ったり、たどったりするための眼球運動を発達させるための支援が必要。P60、P62、P72、P74、P78のトレーニングがおすすめ。

6～11にチェックがある

見ることも入力系。両眼のチームワークやピントの調節力が未熟だと、ものを注視することが難しくなる。眼球運動全般をトレーニングするとよい。P60、P62、P64、P72、P74、P78のトレーニングがおすすめ。

12～13にチェックがある

視空間認知の能力が未発達だと考えられる。見たものを認識・記憶する力が弱いために字や図が書けていない可能性がある。情報処理機能や認知機能の支援を。P68、P76、P78のトレーニングがおすすめ。

14～20にチェックがある

主に情報処理や入出力の機能の未発達。ボディ・イメージが整っていないために、体の動かし方がわかっていないのだと理解できる。ボディ・イメージづくりを支援する。P60、P66、P72、P78のトレーニングがおすすめ。

リストを使って自己判定

視覚機能の専門家はまだ少なく、気軽に検査に行くのは難しい状況です。そこで、家庭でできるチェック法を紹介しましょう。

ものを見るためには、三つの段階があります。

ひとつは、眼で見て情報を入力すること。残り二つは得た情報を脳で処理して、行動として出力することです。

そのどちらの支援がより必要か、自己チェックでおおよその見当をつけることができます。

ある程度のことはわかる

自己チェック法は、家庭でおこなう簡単なものです。子どもがなにを苦手としているか、ある程度のことはわかります。対応の方針もある程度、見えてきます。

もっとくわしく、正確に子どもの視覚機能について知りたい人は、専門家に相談してください。

見え方を調べる

眼科検査や視覚検査、心理検査を受ける

ものの見え方には複数の要素が関係しています。専門家は、視覚の検査のほか、眼科の一般の検査や、心理検査も用いて、子どもの見え方をくわしく調べます。

3種の検査を受ける

子どもの見え方を総合的に理解するためには、視覚機能をくわしく調べるとともに、眼の病気の検査や、心理発達の検査もおこないます。

眼科検査

視力検査

視力測定をおこない、近視や遠視、乱視などの屈折異常の有無を調べる。必要に応じてメガネやコンタクトレンズを処方する

視覚障害の検査

メガネやコンタクトレンズで矯正しても視力や視野が一定以上改善しない「視覚障害」があるかどうか調べる

斜視《しゃし》の検査

片方の眼の視線は正しい方向を向き、もう片方が内側や外側、上下などにずれて向いている状態を「斜視」という。見えにくさや眼の疲れにつながるため、その有無を調べる

そのほか

自分の意思とは関係なく眼球がゆれる「眼振」、「医学的弱視」などの有無も調べる。医学的弱視は、治療によって視力の改善が見込めるため、早期発見が重要

眼科で受ける

丁寧に、多面的に調べる

専門的な視覚機能の検査は、五歳ぐらいであれば受けることができます。ADHDやLDなどの発達障害があっても、ゆっくりでもよいのでコミュニケーションがとれれば検査は可能です。

専門の視覚検査のほかに、眼科検査と心理検査も受けて、視覚機能以外の背景についても調べておくことが大切です。

眼科検査によって、視力の問題や眼の病気の有無がわかります。心理検査を受ければ、知能や行動の特徴がある程度、わかります。それらの結果と、視覚機能の検査結果を照らし合わせて、子どもの見え方の背景を考えるのです。

視覚検査

DEM

眼球運動のうち、眼を素早く動かす運動の正確さを調べる検査。並び方が異なる2種類の数字表を読み、速度と読み間違いを記録する。日本ではまだ標準化されていない

MVPT-Ⅲ

図と地の認知＊、方向認知、形の短期記憶、線のつながりのイメージ力などを調べる。日本ではまだ標準化されていない

近見《きんけん》・遠見《えんけん》視写検査

見本の数字を見ながら、手元で書き写す検査。近くの表を見ながらおこなう「近見」と、壁などに貼った遠くの表を見ておこなう「遠見」がある

フロスティッグ視知覚検査

幼児や小学校低学年の子のための視覚機能検査（4歳0ヵ月〜7歳11ヵ月）。結果に基づく訓練教材がある

そのほか

専門家と対面して、より眼や視線の移動を確かめる作業をすることもある。小さなブロックなどを使って手作業の程度を見る場合も

専門家のところで受ける

＊図と、それ以外の白地の部分を区別して認知すること

検査といっても、用紙を見て数字を読み上げるなど、簡単な作業が多い

心理検査

WISC

ウェクスラー式知能検査。言語と聴覚の能力、視覚と運動の能力をそれぞれ調べる

K-ABC

順番に処理する継次処理と、全体的に統合しておこなう同時処理の能力を調べる。認知や知能のバランスを見るためにおこなわれる

そのほか

視覚機能が原因とはかぎらないため、発達障害や神経的な要因について調べる

発達小児科で受ける

見え方の専門家

検眼医「オプトメトリスト」が注目されている

欧米では、視覚機能の専門家を「オプトメトリスト」といいます。日本でも視覚支援への注目が集まるにつれ、オプトメトリストの活動が注目されています。

オプトメトリスト

アメリカでは、視覚機能の検査・トレーニングをおこなうとともに、メガネやコンタクトレンズの処方、斜視や弱視のケアなども担当している。眼科医と同じく開業しているので、誰でも受診することができる。

眼科医とオプトメトリストは、アメリカでは明確に区別され、協力し合っている

眼科医

アメリカの眼科医も日本と同じく、医学部を卒業し、眼科の専門知識をもっている。眼の病気の治療や手術を専門的におこなう。日本との違いは、視力矯正を担当せず、その点はオプトメトリストに任せているところ。

視覚機能検査をおこなっている。日本でも同様の検査をおこなう人が増えている

近視や遠視、乱視などの検査をおこない、メガネやコンタクトレンズを処方する

専門の器具などを使って、視覚機能のトレーニングをおこなう

専門分野をもつオプトメトリストもいる。子どもやスポーツ選手など、特定層への支援にとりくんでいる

メジャーリーガーのなかには、オプトメトリストのトレーニングを受け、視覚を鍛えている人がいる

海外では国家資格

北米やヨーロッパ、アジアの各国では、オプトメトリストが国家資格として認定されています。眼科医も資格化されていて、両者は明確に区別されています。

日本のオプトメトリストはアメリカの大学に留学するなどして、海外で資格を取得している

日本では資格化されていない

オプトメトリストは、日本ではまだ資格化されていません。国内にいるオプトメトリストは、アメリカなど海外で勉強して、資格を取得した人です。

アメリカでは一〇〇年の歴史がある

オプトメトリストは、日本語では「検眼医」「検眼士」などと訳されます。ただ、オプトメトリストの活動範囲は幅広く、単に検眼をするだけではありません。視覚の専門家と考えたほうが、実際の姿を理解しやすいでしょう。

アメリカでは、オプトメトリストはすでに一〇〇年もの歴史をもっています。専門職として、人々に、眼科医と同じように利用されています。

現在では欧米だけでなく、韓国や中国でも、オプトメトリストが国家資格として認められはじめています。

視覚の専門家

海外でオプトメトリストの資格をとった人、同様の視覚支援を学んだ人などが、日本で視覚の専門家として活動中。そのほか、斜視・弱視の訓練に携わる「視能訓練士」という国家資格があるが、オプトメトリストとは役割が異なる。

眼科医

日本の眼科医の多くは、主に眼の病気の治療と視力検査をおこなっている。眼科医が視覚機能を調べてくれる場合もある。

日本では視覚の専門家と眼科医の役割分担が確立しておらず、重なる部分が多い

日本でも専門家の活動が広がりつつある!

見え方の専門家

専門家は医師や支援者と連携している

日本には、まだオプトメトリストはごくわずかしかいません。そのため、視覚機能の問題を相談したいときは、医師や支援者のネットワークを利用するとよいでしょう。

医師から紹介されることもある

日本には視覚支援の専門機関はまだ多くありません。保護者が自分で探すには、限界があります。周囲の人に相談して、視覚支援の情報を集めてください。

専門機関に行くことができなくても、視覚支援にくわしい人に相談をしたり、本書のようなワークブックを活用したりすれば、家庭である程度の支援をおこなうことができます。

相談をするなかで、発達障害にくわしい眼科医や小児科医から、視覚支援の専門家を紹介される場合もあります。

ネットワークが広がっている

最近では日本でも視覚機能の問題が認知され、少しずつ支援や情報のネットワークが広がっています。保護者はできるかぎり多くの人に子どものことを相談し、支援のネットワークにつながるようにしましょう。

視覚の専門家

眼科医

屈折異常の可能性を含めて、まずは相談を。視覚機能にくわしい専門家を紹介してもらえることがある

オプトメトリスト

数は多くないが、日本にもオプトメトリストのいる機関がある。その関連機関も増えてきている

そのほかの専門家

発達障害にくわしい支援者が、視覚支援の情報を集めて、保護者や医師などに提供している

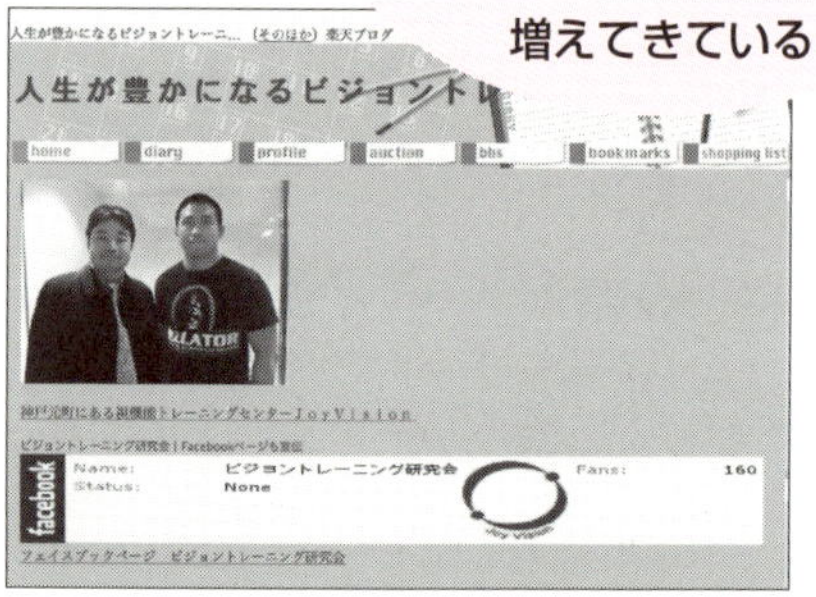

本書の監修者・北出勝也はブログ（http://plaza.rakuten.co.jp/visiontraining/）を通じて情報提供をしている

保護者ができること

- 子どもが苦労していることを関係者に伝え、背景を考えてもらう。最初から視覚機能の問題だと決めつけない
- 相談相手に同じ内容の報告書を渡す。子どもについての情報を共有してもらう
- ビジョン・トレーニングなど、家庭でとりくんでいる支援の成果を専門家に報告する

保護者から各種の専門家に相談をもちかけることで、子どもを中心とする支援ネットワークができ上がる

医療関係者

小児科医

身近な窓口。子どもの発達全般を相談できる。視覚以外の問題点に気づける

発達小児科医

発達障害への支援について相談できる。視覚機能についての対応は個人差がある

臨床心理士

心理検査を実施してくれる。スクールカウンセラーは、学校での勉強・運動への支援にくわしい場合もある

作業療法士

運動面・作業面の困難について支援してくれる。視覚機能の対応には個人差がある

教育関係者

教師・保育士

身近に子どもと接しているため、見え方の問題に気づきやすい。定期的に情報を交換したい

特別支援教育の担当者

発達障害支援にとりくんでいて、研修や交流などの活動をしているため、先進的な支援策を知っている。視覚支援についてくわしい人もいる

日本での支援は今後どうなっていくか

視覚機能の問題については、少しずつ認知されてきていますが、子どもたちに対する支援策はまだはじまったばかりです。今後に期待がかかります。

医療・教育との連携が期待される

視覚支援は、保護者と視覚の専門家だけでできることではありません。勉強面・運動面の支援をするためには学校関係者の協力が必要です。発達障害特性との関連性に目を向けるためには、医師との情報交換も必要となります。

視覚の専門家と医療・教育の関係者が、これまで以上に連携をとり、支援のネットワークをつくっていくことが必要です。

発達障害の子には教育の現場で「特別支援教育」がおこなわれています。保護者と教師のもとには、支援の情報が集まりやすくなっています。そのなかで、視覚支援の情報も集めるとよいでしょう。

情報交換でネットワークを広げる

的確な支援をおこなうためには、教育現場の情報や、医療関係者からの情報が欠かせません。

視覚の専門家が授業を見学し、学校関係者と相談することもはじまった

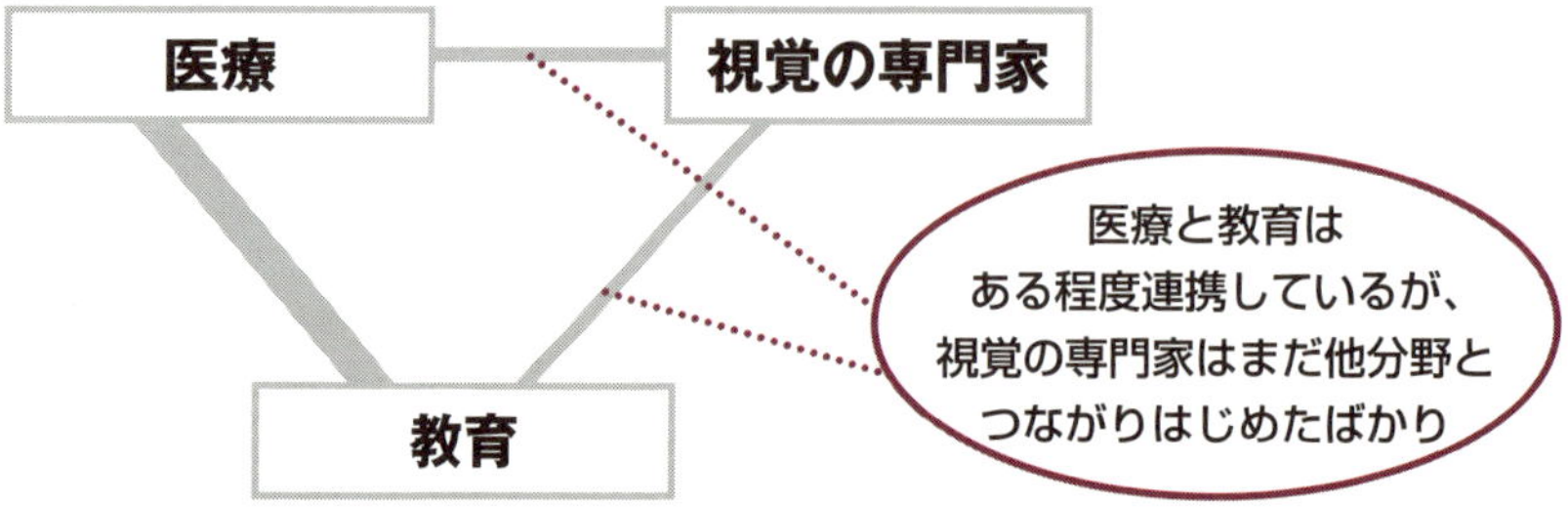
医療
視覚の専門家
教育
医療と教育はある程度連携しているが、視覚の専門家はまだ他分野とつながりはじめたばかり

ビジョン・トレーニングの本がいくつも発行されている。本を読んでトレーニングするのもよい

これからの支援Q&A

日本での視覚支援について、今後の展望を知っておくと、活動しやすくなります。

Q 日本でもオプトメトリストが国家資格化される?

A 現在、日本でオプトメトリストが国家資格化される予定はありません。ただ、オプトメトリストと同様の活動をする、視覚支援の専門家は増えています。資格や名称にこだわらず、実際の活動内容で専門家を探しましょう。

Q ビジョン・トレーニングにはどれくらい費用がかかる?

A トレーニングは治療ではないので、医療保険が適用されません。自費診療扱いとなります。目安としては、1回当たり数千円程度ですが、トレーニング内容によって大きく異なるため、一概にはいえません。

Q 日本には視覚支援の資格はない?

A 日本には「視能訓練士」という資格があります。眼科医のもとで検査を手伝ったり、斜視や弱視のトレーニングをおこなったりするための資格です。海外のオプトメトリストよりも、活動内容が限定されます。

Q 専門家はどうやって探す?

A 発達障害者支援センターに視覚支援についての情報が集まっていることがあります。ただし、地域差があります。発達障害にくわしい発達小児科医や、特別支援教育担当の教師に聞くのもひとつの方法です。次ページの一覧も参考にしてください。

Q いますぐに支援するとしたら、なにからはじめればよい?

A 24ページのチェックリストで、子どもの苦手なことを確認しましょう。また、「音読で行を読みとばす」など、トレーニングしやすい眼球運動系の悩みから対応しはじめるのもよいでしょう。効果が実感でき、前向きにとりくめます。

すべて2011年8月現在の情報。資格制度や支援体制の変更によって状況はかわります。随時、専門家に相談して確認してください。

日本で視覚機能の専門家がいる機関一覧

専門家は少しずつ増えている

海外では、視覚機能の検査や訓練をおこなう「オプトメトリスト」は国家資格として認められています。そのため、オプトメトリストの数も多いのですが、日本では数名しかいません。

ただ、日本でも以前に比べると、視覚機能の重要性が認知されてきました。オプトメトリストのほかにも、視覚支援を専門とする人が増えています。日本では、現在、左表の機関で医師や心理士などの専門家による視覚機能の検査を受けることができます。

視機能トレーニングセンターJoy Vision（ジョイビジョン）
兵庫県神戸市　電話：078-325-8578
http://www.joyvision.biz/
全国各地にJoy Visionの支部ができはじめている。それぞれホームページがある。

Joy Vision 愛知（メガネの井上）
電話：052-601-5810
Joy Vision 岩手（スマイルメガネ研究舎）
電話：019-625-1242
Joy Vision 大阪・茨木（オプトアイランド）
電話：072-633-0210
Joy Vision 名古屋（近藤メガネ相談室）
電話：052-654-5580
Joy Vision 奈良（オプト松本）
電話：0744-35-4776

両眼視スキルアップ研究所（オプティカルプロショップ尚時堂）
長崎県北松浦郡佐々町　電話：0956-63-2235
http://www.shojido.com/

かわばた眼科
千葉県浦安市　電話：047-700-6090
http://www.kawabataganka.com/

育視舎　視覚発達支援センター（かわばた眼科グループ）
千葉県浦安市　電話：047-353-3017
http://www.ikushisya.com/

3 発達障害の子の見る力を理解する

ADHDやLDなどの発達障害のある子には、
視覚機能の問題がよくみられます。
動くものを目で追うことや、ものを立体的に見ることが
苦手なために、読み書きや運動を苦手としている
場合があるのです。

発達障害の子

眼の悩みはADHDの子、LDの子に多い

ADHDやLDの子には、視覚機能の問題を抱えているケースが多くみられます。しかし、トレーニングをおこなえば、視覚機能を改善することは十分に可能です。

発達障害とは

先天的な脳機能異常によって、さまざまな困難が生じやすい状態を「発達障害」といいます。困難をさけるためには、周囲の人の理解と支援が必要です。

ADHDの子は集中することが苦手で、授業中に席を離れて歩きまわることがある

LD
Learning Disorders

学習障害。知的発達の遅れがないにもかかわらず、文字の読み書きや計算などを苦手とする。幼児期・学童期に勉強面で困難を抱えやすい。

自閉症 アスペルガー症候群

他者とのコミュニケーションが苦手、特定の事柄に強いこだわりをもつなどの特徴があり、対人関係や集団行動に困難を感じやすい。自閉症では知的能力や言葉の発達が遅れることがあるが、アスペルガー症候群ではそれらがない。

ADHD
Attention Deficit / Hyperactivity Disorder

注意欠陥・多動性障害。不注意、落ち着きのなさ、衝動性などの特徴があり、勉強や仕事でのミスに悩むことが多い。

視覚機能の問題が重なりやすい

視覚機能の問題は発達障害と重なりやすい。ものを見ることがうまくできないために、不注意や学習困難などが悪化している場合がある。

眼の動きがスムーズになると、文章を読んでも疲れないため、宿題に集中できる

トレーニングで悩みが軽減

視覚機能のトレーニングやメガネ、コンタクトレンズなどによって、ものを正しく見ることができるようになると、理解力が高まり、注意力も働くようになっていきます。

トレーニングをする

ワークシートなどを使って、眼球の動かし方や形の認知などを学ぶ。適切に見ることを経験する

暮らしやすくなる

見えづらさが発達障害の特徴に関わっていた場合、それが解消されると生活上の困難が軽減される

診断が異なっても対応は共通

発達障害には、さまざまな診断名がありますが、視覚機能の問題を改善するためのトレーニングは、どの診断名でも共通です。視覚機能検査で問題点を確認し、適切なトレーニングをおこないます。

トレーニングですべてが解決するわけではない

視覚機能のトレーニングは、あくまで視覚の問題を改善するものです。発達障害の子の悩みを直接的に解決する方法ではないことを理解してください。

視覚機能の働きを改善することで、生活しやすくなります。それによって間接的に、勉強面や対人関係の問題がやわらいでいくものと考えて、トレーニングにとりくんでいきましょう。

視覚機能とは

眼の入力・情報処理・出力の働きのこと

トレーニングをはじめる前に、眼の働きを理解しておきましょう。
視覚機能は、眼からの情報の入力・情報処理・出力の三つに大きく分けられます。

眼を感覚器として考える

人の体には視覚・聴覚・嗅覚・味覚・触覚の五感がそなわっています。眼は専門的にいえば「視覚のための感覚器官」ということになります。

眼には、レンズの役割をする部位や、光をしぼりこむ部位、ピント調節の部位があります。神経や筋肉が、これらの部位全体を動かしています。

ものをしっかり見るためには、眼のさまざまな部位がスムーズに連携し、機能する必要があるのです。

眼は6つの筋肉で動く

私たち人間は、6つの筋肉で眼球を動かし、対象物をとらえています。とらえたものが網膜《もうまく》に映し出され、その情報が視神経を通じて、脳へと伝えられます。これが、ものを見るときの体の働きです。

眼の構造

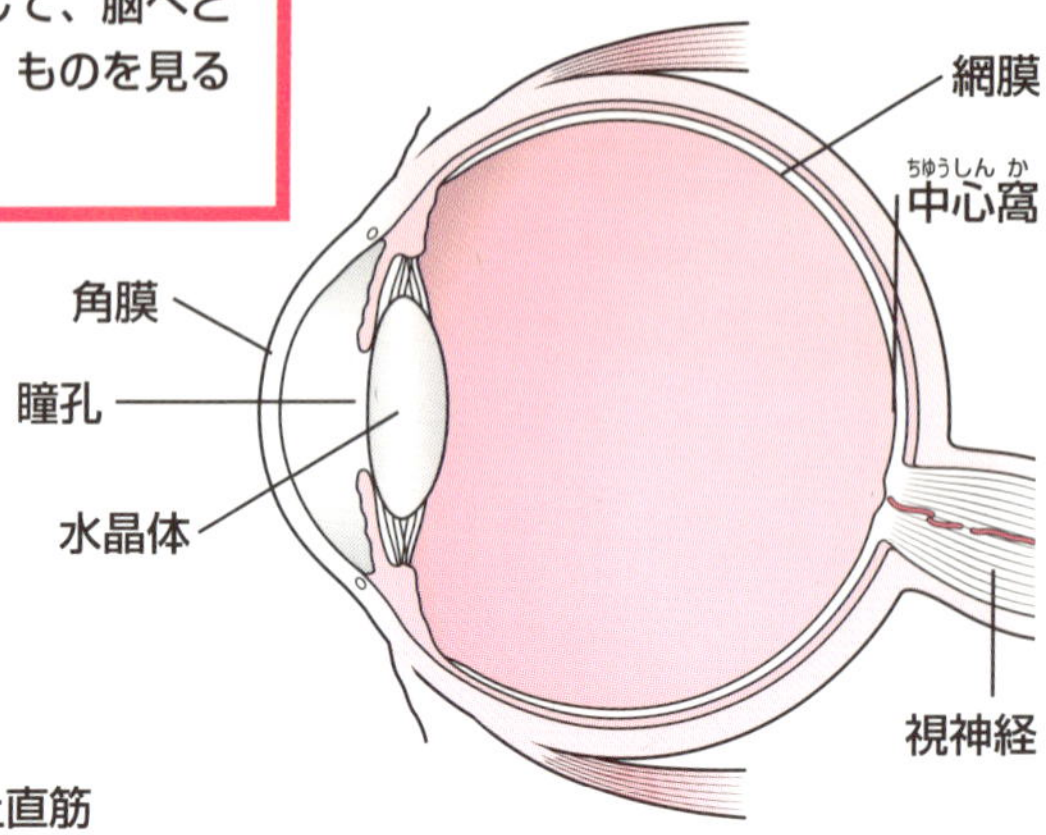
網膜
中心窩《ちゅうしんか》
角膜
瞳孔
水晶体
視神経

眼の筋肉

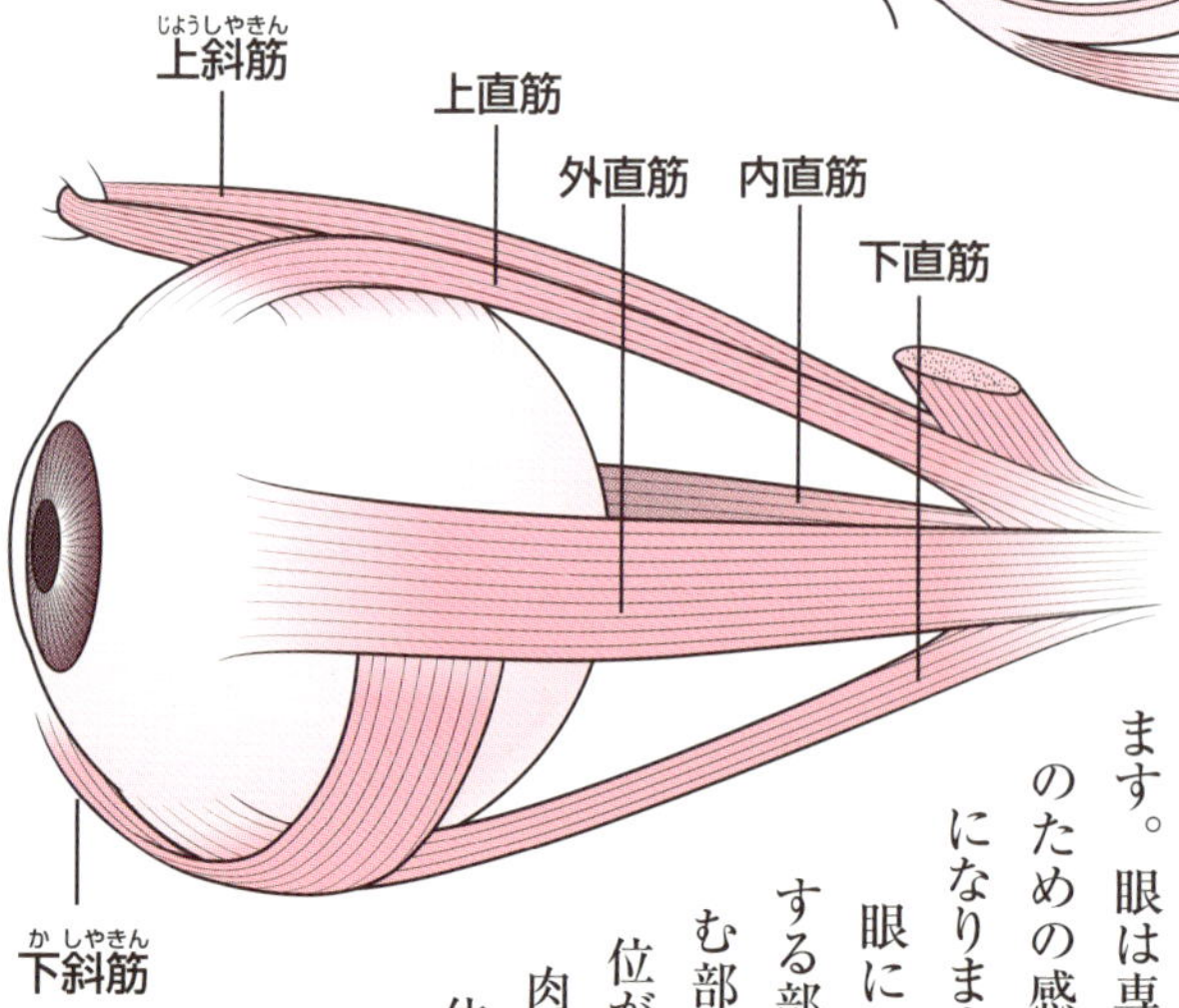
上斜筋《じょうしゃきん》
上直筋
外直筋
内直筋
下直筋
下斜筋《かしゃきん》

脳で情報処理をしている

ものを見るという行為には、脳が深く関与しています。眼で「入力」し、脳で「情報処理」し、体で「出力」するという、3つのプロセスがすべてできたとき、ものが見えたことになります。いずれかひとつでも困難があれば、生活するなかで、見えづらさの問題が出てきます。

入力

入力とは、眼で対象物をとらえ、映像としてとりこむこと。眼を動かして網膜に対象物を映し出し、その情報を脳に送る。3つの機能が関わっている。

- 視力
- 両眼のチームワーク
- 眼球運動機能

情報処理

映像は視神経を通じて、脳の中の、視覚をつかさどる領域「視覚野」に信号として送られる。映像の内容を認識するために、脳では以下のような処理がおこなわれる。

- 理解
- 記憶
- 操作
- 空間の認識
- イメージする

五感も関わる

情報処理には、視覚のほか、聴覚や嗅覚、味覚、触覚などの五感も必要。すべての情報が瞬時に処理されて、見たものがなにか、認識される。

眼がよければ見える、
というわけではない。
眼から脳へ、脳から体
への情報の流れが重要

出力

出力とは、眼で見たものに対する脳や体の反応のこと。たとえば、あるものを見て別のことを想像したり、あるいは危険なものをさけるために瞬時に手足を動かしたりするような反応。スポーツや絵を書くなど、体を使ったあらゆる動作のこと。

- 体を動かす

視覚機能とは

眼科で調べる視力とはどう違うのか

視覚機能は、視力だけでなく、眼球運動や認知能力なども含む、総合的な働きです。眼科で調べる視力は、視覚機能の一部です。

視力とはまったく別のもの

眼科や学校の身体測定などで、誰もが視力測定を受けたことがあるでしょう。

測定の結果、「両眼とも一・〇あるから大丈夫」「左右とも〇・五しかないからメガネが必要」というように、ものを見る能力をある程度、判断できます。

しかし、視力さえよければ、視覚機能にまったく問題がないかというと、そうではありません。視力はあくまでひとつの要素にすぎないからです。

見ることには、眼のさまざまな機能が関わっています。視力以外の働きにも配慮しないと、視覚の総合的な支援はおこなえません。

視力は機能のごく一部

視力は、ものの存在や形状を認識したり、判別したりする能力です。眼が映像をとらえるための基礎ではありますが、視覚機能のごく一部です。

視力とは

一般的な視力とは「中心視力」のことで、網膜の中心部（中心窩）の視力をさす。視力測定には「ランドルト環《かん》」という1ヵ所に切れ目のある環を用いて検査をする。

5メートル離れた位置から左の環を見て、切れ目の位置がわかれば、上から順に視力0.5、1.0、2.0となる。実際の検査では、同じ大きさの環を何度か見て、正確に測定する

視覚機能とは機能のすべて

視覚機能とは、ものを見るために必要なすべての機能のことです。視力はあくまでそのひとつであり、ほかには視野や眼球運動、ピント調節、視空間認知、眼と体の協応などがあります。

猫の動きに合わせて眼が動くのは、眼球運動がスムーズにおこなわれているから

眼球運動

眼を動かすこと。対象物に対して両眼の視線をそろって動かしたり、両眼をよせたり、離したりするなど、いくつかの動かし方がある

視覚機能

視覚とは、視力によって鮮明にとらえることができた映像に対し、認知機能によって意味をもたせたり、その情報をもとになんらかの行動を起こさせたりする役目があるもの。単にものが見えるというだけではない。

視力・視野

視力は、対象物の映像を鮮明にとらえる能力のこと。視野は、眼を動かさないで視覚的に認識できる範囲のこと

形態認知・視空間認知

見たものについて、脳で情報処理すること。ものの形や状態、空間を把握できているかどうか

眼と体の協応

見たものに反応して、体を正確に動かすこと。眼と体の協応ができていれば、生活しやすくなる

コップを眼でとらえ、手の動きと連動させる機能があるから、正確につかめる

アメリカでは視覚も調べる

アメリカでは、眼の検査は視力測定だけではありません。視覚機能全般を調べることが一般化しています。学校や職場などで、屈折異常や両眼の眼球運動の検査がおこなわれるのがふつうです。そのため、日本よりも視覚機能の異常を発見しやすい環境にあります。

視覚機能とは

近視・遠視・乱視の可能性も考える

ものを見るためには、適正な視力が必要です。近視や遠視、乱視があれば、まず、矯正したうえでトレーニングを開始します。

トレーニングの前にチェックする

ビジョン・トレーニングをはじめる前に、必ずやらなければならないことがあります。眼科医を受診して検査を受け、視力の問題や眼の病気がないかどうか、調べてもらうことです。

近視や遠視、乱視などの問題があるときは、メガネやコンタクトレンズなどで視力を矯正してからトレーニングを開始します。ものが見えにくいままでは、適切にトレーニングできないからです。

また、眼の病気がある人は、トレーニングによって眼を動かすと危険な場合があります。トレーニングをしてもよいかどうか、眼科医に確認してください。

3種の屈折異常

眼からとりこまれた光は、屈折させられて、網膜上に映し出されます。この屈折作用に問題があると、近視や遠視、乱視などの屈折異常が起きます。

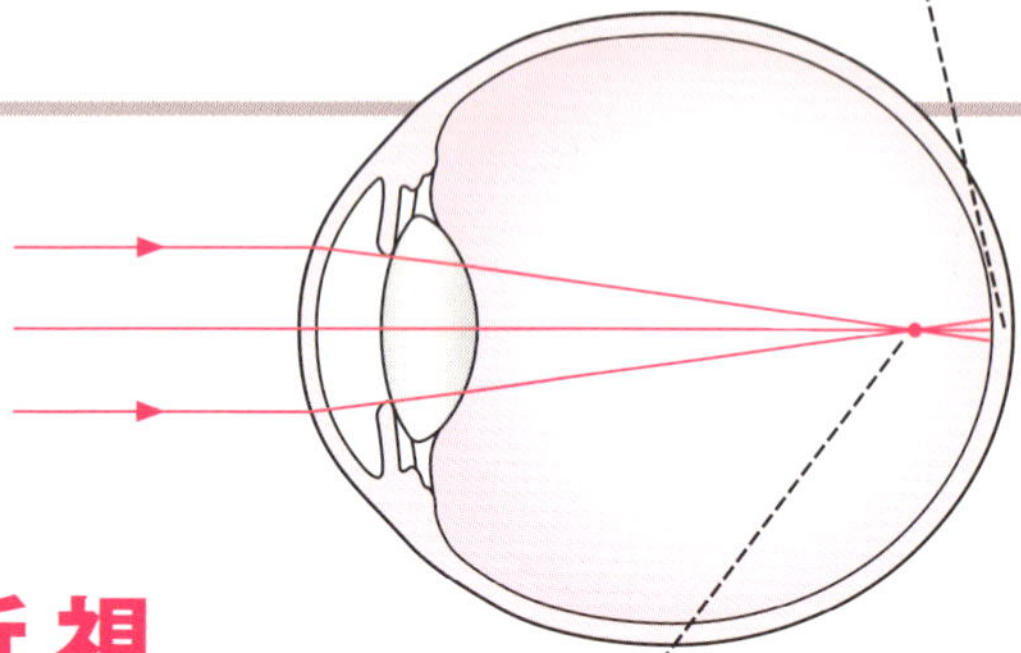
本来は網膜のところでぴったりと像がむすばれる。それによって鮮明に見える
とりこんだ光を水晶体で屈折させ、網膜へ送る。近視はこの作用の異常によって起きる
近視では、遠くにあるものほど映像は網膜よりも前のほうでむすばれる

近視

近視とは、遠くのものが見えにくい状態。眼球が光を屈折させる力が必要以上に強い、あるいは眼軸（眼の奥行き）が長めであるため、網膜より前で像がむすばれ、鮮明に見ることができない。

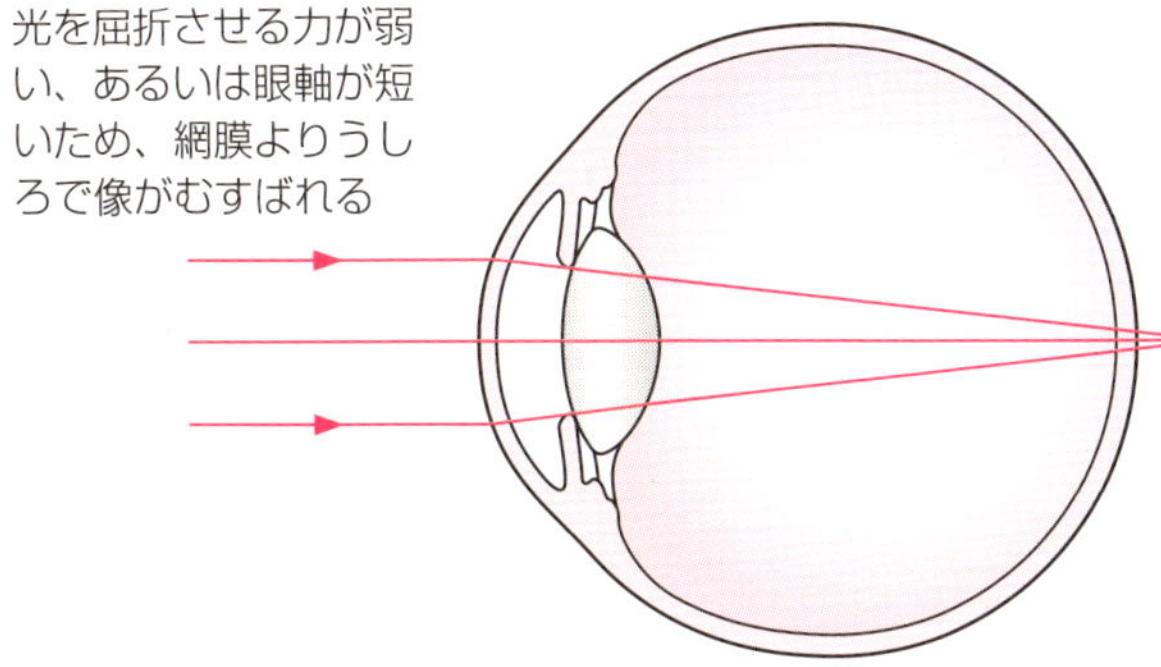

遠視

遠視は近視とは反対に、網膜のうしろで像がむすばれるような見え方。ただし、かなり度の強い遠視でないかぎり、水晶体が無理にピントを合わせるため、生活上はあまり困らない。眼に負担をしいるため、疲れやすい、集中力が続かないという傾向がある。

眼の病気の有無も確かめる

眼や視神経、脳といった視覚関連部位の病気によって、見ることの難しさが引き起こされる場合もあります。

生まれつきの病気は出生後、比較的すぐに診断されますが、なかにはしばらくたって発見されることもあります。

視覚機能に問題があると疑われる場合は、まず眼科を受診して検査をおこない、眼の病気がひそんでいないかを確かめる必要があります。

乱視

遠くても近くてもピントを合わせづらい。眼球の多くはバスケットボールのような球面だが、乱視の場合はフットボールのような形で、球面のカーブの強さが異なる。乱視は近視や遠視といっしょに起こることもある。

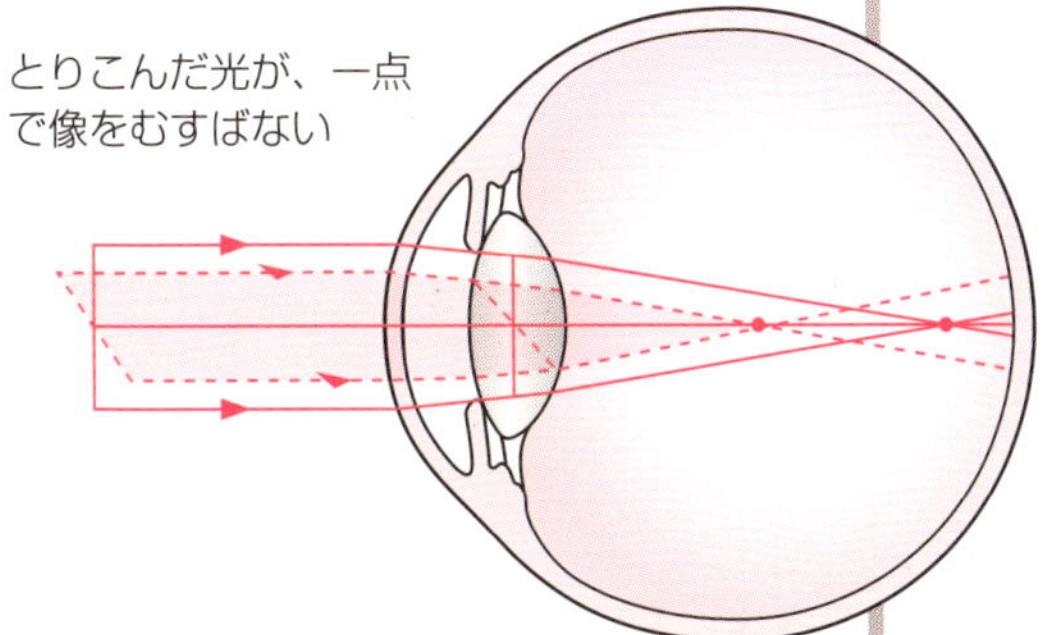

とりこんだ光が、一点で像をむすばない

機能① 眼球運動

追従性・跳躍性の二つの動きがある

対象物を的確にとらえるためには、眼球運動がスムーズにできなければなりません。眼の動きは大きく分けて二種類あります。

じつは眼はよく動いている

私たちはあまり意識していませんが、ものを見ているとき、じつは眼球がたえず動いています。頭や首を動かさずに、眼の動きだけでものをとらえているのです。

眼球の運動機能がうまく働いていない子は、眼を動かすことが難しいため、頭や首を動かして、ものを見ようとします。

眼でものを追う動き

本を読むときや、ものを観察するときには、字やものを眼で追い続けます。そのとき、眼球の運動機能が働いています。動きがよくないと、対象から視線がはずれやすくなります。生活面では、読みとばしや手先の不器用さなどの問題が生じます。

追従性眼球運動《ついじゅうせいがんきゅううんどう》

特定のものを見続けるときの目の動きを「追従性眼球運動」という。動くものを眼で追う動きをさす場合が多いが、じっと一点を見つめることも、その一点を眼で追い続けるという意味で、追従性眼球運動に当てはまる。

追従性眼球運動をチェック！　上の印からのびる線をそれぞれ眼で追い、下の印までミスせずにたどりつけば、眼球運動が機能している。ペンなどでなぞってはいけない

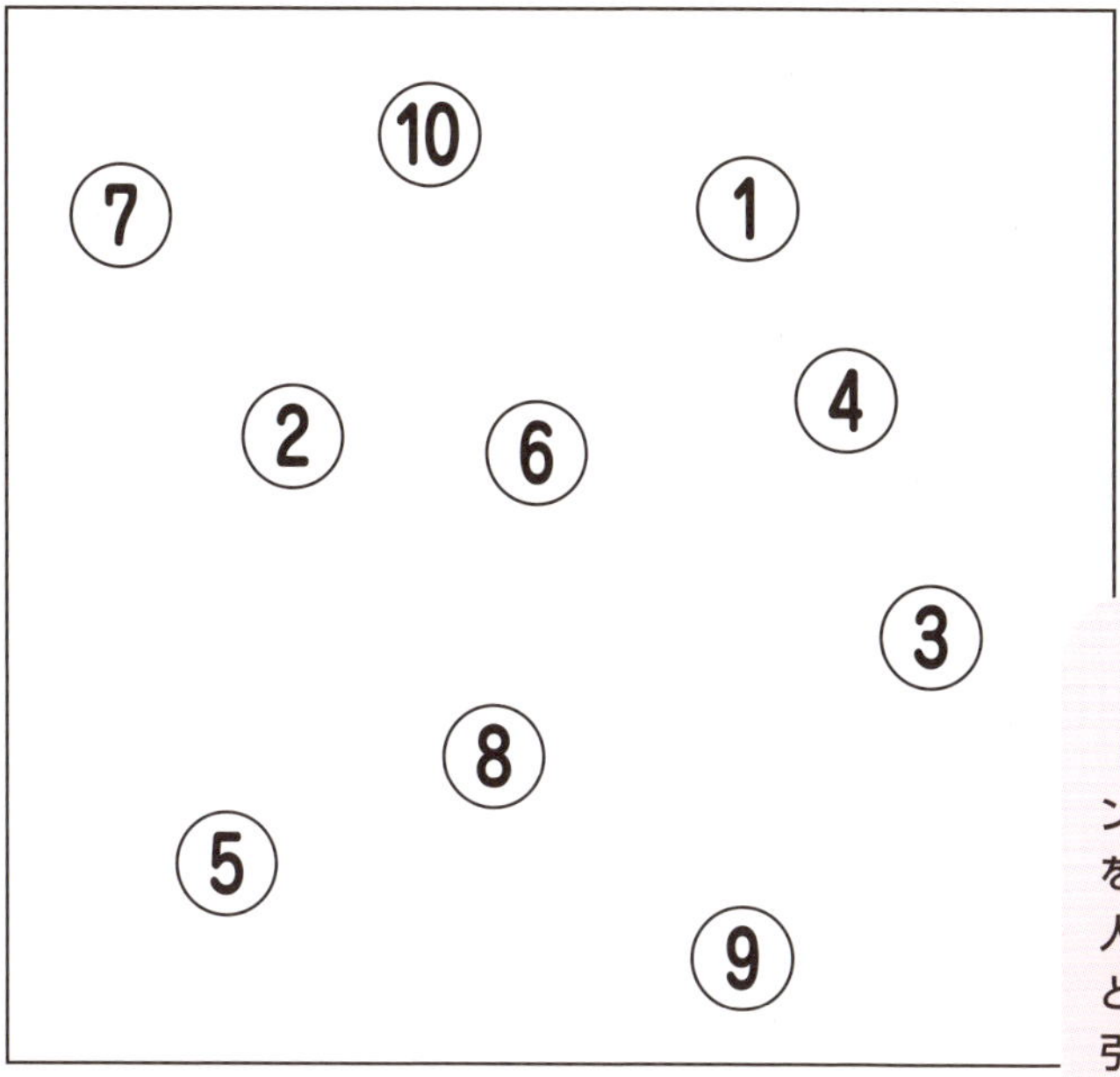

跳躍性眼球運動をチェック！　上の枠内の数字を、1から順番に眼で追っていく。こちらも、指やペンを使わず、眼の動きだけで追う。ミスせずに素早くできれば、跳躍性眼球運動が働いている

視点を切りかえる動き

　複数の作業を同時にするときには、瞬時に視点を切りかえることが必要です。それも眼球運動の働きです。視点を動かす眼球運動が機能していない人は、なにを見ていたかわからなくなり、混乱しがちです。

跳躍性《ちょうやくせい》眼球運動

「跳躍性眼球運動」とは、あるポイントから別のポイントへ素早く視点を移す動きのこと。球技でボールや人の動きを瞬間的にとらえるときなどに働いている。「追従性」は線を引くような動きで、「跳躍性」は点から点へとぶような動き。

そのほかの2つの動き

　眼の動きにはほかにも、眼球をよせたり離したりする「両眼のチームワーク」や、対象物にピントを合わせる「調節力」があります。

両眼のチームワーク

（46ページ参照）

調節力

（46ページ参照）

4つの動きを合わせて
「眼の運動機能」
という

機能② 両眼のチームワーク

ものを立体的に見るための働き

人間には二つの眼がそなわっていますが、それには理由があります。
両眼で見ることで、ものを立体的にとらえ、距離感をつかむことができるのです。

両眼で距離を調節している

ものを立体的に見るには、二つの眼でほぼ同じ情報をとりこむ必要があります。そのためには、両眼のチームワークと調節力という二つの機能が欠かせません。

焦点をしぼる

「追従性」「跳躍性」の眼球運動でものに眼を向けるときには、同時にその対象に焦点をしぼる機能も働いています。

対象に
眼を向ける。
それだけでは、
距離感や立体感、
質感などは
わからない

両眼のチームワーク

左眼と右眼の連動性のこと。左右の眼球をよせたり、開いたりして、対象に視点を合わせる。両眼の動きが調整できていれば、ものが二重にならず、ひとつに見える。

調節力

対象物にピントを合わせる機能。レンズの役割をする水晶体の厚みをかえ、網膜上に映像が正しくむすぶように、自動的に働いている。

両眼の
チームワークと
調節力の働きで、
ものを立体的に、
鮮明にとらえる
ことができる

運動機能が働いている子は、振り向きざまに友だちの顔を見分けられる

機能③ 眼と体の協応

体が眼の動きについてくるか

日常の動作のほとんどは、視覚で得た情報をもとに、はじまっています。体を動かすうえで、眼は重要な役割を担っているのです。

眼に合わせて体が動く

どんなに体を鍛えても、筋肉や関節などが勝手に動くことはありません。脳からの指示が必要です。そして脳には、眼や耳、鼻などから得る感覚情報が必要なのです。

視覚機能が問題なく働いていれば、ものの正確な位置などの情報が脳に送られる

眼と体の協応

眼から得た情報をもとに、脳が手足などの体の各部位に指令を出す。この連動性を「眼と体の協応」という。

脳から受けた指令によって手や足などが動く。見ることが先で、体の動きはそのあと

キャッチボールのときは、眼でボールを追い、それに合わせて手が動く

体はあとからついてくる

眼の機能と体の動きは、切り離して考えることはできません。まず、眼でものを見て、その情報を得ることでどのように動かすのか脳が判断し、体を動かしているからです。体の反応は、眼の動きのあとについて起こるのです。

機能④ 視空間認知

認識力や記憶力のもとになる機能

ものを見るということは、単に映像をとりこむだけではありません。それがなにかを認識できて、はじめてものを見たことになります。認知の働きも重要なのです。

空間を立体的に見るための力

視覚の「情報処理」をおこなうときには、脳の視空間認知の機能が働いています。眼がとらえた映像を、形や図、空間として正しく認識する働きです。

見たものが認識できれば、それを的確に使うことができます。行動や思考に影響する、大切な機能なのです。

視空間認知が十分に機能していないと、見たものの上下左右や、ものの大きさ・長さを理解することが難しくなります。

何度も体を家具にぶつけたり、食べ物をこぼしたりして、不器用な子、学習能力の弱い子として見られがちです。

まず自分の体を認知する

視空間認知の能力を高めるには、自分の体を認識することが欠かせません。その認識を「ボディ・イメージ」といいます。

何度注意されても、家具に同じように頭をぶつける子は、ボディ・イメージができていない可能性が高い

ボディ・イメージ

自分の体のサイズや、動かせる範囲、動かすときの力加減など、体に関する総合的な認識のこと。これができていれば、なにをするときにも、動きが正確になる。

掃除用モップをもとの場所にしまえるのは、認識力や記憶力が働いているから

視空間認知をチェック！　下の図形を子どもに見せ、白紙に模写してもらう。視空間認知ができている子はすぐに模写できるが、視空間認知が未熟な子は形を間違えたり、親に質問したりする

まわりのものを認知する

　自分のボディ・イメージを把握できるようになったら、次に自分の周囲のものを認知する段階に入っていきます。

視空間認知

　見たものの形や色、上下左右、空間での位置関係などの情報を認識する能力のこと。眼で見るほかに、手でふれて触覚と連動することによって、より発達しやすい。

認識力
形や色、大きさなどの情報をもとに、眼で見たものがなにかを識別すること

記憶力
識別をくり返すことによって、形などの情報を記憶することができるように

操作力
見たものの向きをかえたらどうなるか、頭の中でイメージできる力も育つ

コラム

ペンを使って、眼の動きを実感してみよう

① 大人がペンを持ち、子どもの顔の30～40cmほど手前に持っていく。子どもはペン先を見つめる

② 大人がペンをゆっくりと左右や上下、ななめに動かす。子どもは頭を動かさない。ペンを眼で追っていく

親子でチャレンジ。お互いにチェックしてみよう

眼だけを動かすのがポイント

③ 頭が動いてしまう子やペンを見続けられない子は、追従性眼球運動が未発達の可能性がある

ペンを子どもの眉間の前30～40cmで持ち、じょじょに近づけると「両眼のチームワーク」の確認に。苦手な子はペンが10cm以上離れた位置で片眼が外にずれる。「跳躍性眼球運動」はペンを素早く動かし、視点を合わせることでチェックできる。

4 すぐできる ビジョン・トレーニング

ビジョン・トレーニングには、家庭で楽しみながら
簡単にできるものがたくさんあります。
子どもも大人も、毎日トレーニングを続けることで、
視覚機能がじょじょに改善していきます。
親子でとりくんでみてください。

トレーニングの基本

毎日10分できれば理想的

どんな内容？

毎日10分というのは、トレーニングの最終的な目標です。いくつかのトレーニングを合わせて10分間おこないます。最初はどれかひとつ、2〜3分からはじめましょう。

注意点は？

毎日少しずつ、楽しみながらトレーニングを続けることに意味があります。最初にがんばりすぎて、1〜2日でトレーニングがとぎれてしまうことのないよう、注意してください。

ボールをカゴの中に投げ入れる遊び。カゴをじっと見つめることがトレーニングになる

1 まずは楽しむ

最初から効果を求めると、親子ともども疲れてしまう。子どもが興味をもつことからスタート。遊び編（60〜69ページ参照）からはじめるとよい

2 1日2〜3分から

最初は1種類のトレーニングに、2〜3分間とりくむ。それを何日か続けてみて、子どもの意欲が保たれているかどうか、様子を見る

POINT

厳しいと続かない

トレーニングのねらいや効果にこだわって、最初から難易度の高いことにとりくむと、子どもにとってはつまらない活動になってしまい、続かない。

ワークシートを使って眼を動かす活動などにもとりくみ、トレーニングの種類を増やしていく

4 毎日10分に

最終的には、数種類のトレーニングを合わせて10分間おこなえるようにしていく。毎日できればよいが、難しければ数日に一度でもかまわない

POINT

やりすぎない

10分間できるようになったからといって、20分、30分と増やしていくと、疲れがたまる。続けていくためには、やりすぎないこともポイントに。

3 種類や時間を増やす

トレーニングに慣れてきたら、種類や時間を少しずつ増やしていく。子どものニーズに合ったトレーニングを増やす

つらければ調整する

子どもの状態を考慮せず、レベルを上げすぎると、子どもがトレーニングをやめてしまう場合がある。生活環境をかえたり、時間を減らしたりして対応する

結果をチェック! 1週間続いているか

最初の1週間程度は、子どもが興味をもつトレーニングだけでかまいません。それを続けて、子どもの意欲が続くかどうか、様子を見てください。楽しめているようなら、トレーニングを増やしていきます。

↓

対策 子どもがトレーニングに興味をもてない場合には、内容や道具、レベルなどを調整しましょう。調整の仕方は92ページをご覧ください。

トレーニングの基本

眼を使う前に、適切なメガネを選ぶ

どんな内容？

近視や遠視、乱視などの屈折異常がある子は、その対処をせずにトレーニングすると、適切な効果が出ないことがあります。メガネをかけたほうがよい場合があります。

注意点は？

屈折異常の有無を自己判断するのはさけましょう。これまでにきちんと検査していない場合には、トレーニングの前に眼科やメガネ店で調べてもらってください。

1 最寄りの眼科へ

屈折異常の有無は、一般の眼科で調べてもらえる。過去に眼科にかかって調べていない場合には、まず眼科へ

メガネにもさまざまな種類がある。眼科でくわしい処方せんを出してもらうとよい

POINT

先に眼科へ行く

眼科でもメガネ店でも検眼してもらえるが、眼の病気の有無を調べることも大切。まずは眼科に行く。

2 処方せんをもらう

近視や遠視、乱視などがある場合には、メガネをつくるための処方せんを出してもらえる。正確な診断にそって、対処できる

3 メガネ店に行く

処方せんを持って、メガネ店へ。
子どもの眼の状態に合った
メガネを購入する。レンズの
材質なども子どもの年齢に
合わせて相談する

見ることに苦労していた子は、メガネをかければ暮らしやすくなる

子どもはコンタクトレンズを使えない？

コンタクトレンズは、扱いに注意を要する医療用器具です。手入れを怠《おこた》ると、眼の充血や感染症、角膜障害などの問題につながる可能性があります。

　幼児期・学童期の子どもは使わないほうがよいでしょう。高校生くらいになってから使いはじめるようにしてください。

POINT 疲れにくくなる

　ピントを合わせるためにじっくり見たり、距離を調整したりする必要がなくなるため、眼が疲れにくくなる。

結果をチェック！ 生活に支障がないか

　屈折異常がある場合や、メガネが合っていない場合には、生活のなかで子どもが見えづらさを感じています。文字が読みづらい、眼が疲れやすいなどの様子が見られる場合には対応が必要です。

↓

対策 眼科で検眼してもらいましょう。検眼してメガネをつくったのに合っていない場合には、再度みてもらう必要があります。メガネが必要ない場合もあります。

4 見え方が安定する

メガネをかけると、見ているものに
ピントが合うようになる。
勉強をするときにも
トレーニングのときにも、
見え方が安定する

トレーニングの前に

眼をゆっくり動かして準備体操をする

どんな内容？

ビジョン・トレーニングでは眼をよく動かします。いきなりはじめると疲れるので、まずウォーミングアップをしましょう。

注意点は？

ウォーミングアップは、ゆっくりおこないます。単純な動作をゆっくりおこなうことで、その後の複雑なトレーニングにそなえます。

1 おもちゃを見つめる

子どもの好きなおもちゃを用意する。子どもはそれをじっと見つめる。最初はそれだけでよい。眼を使うことを意識させる

2 眼のストレッチ

背すじを伸ばして座り、前を向く。そのままの姿勢で頭や首を動かさずに親の持つおもちゃを眼で追う。難しければ指でおもちゃにタッチ

POINT

視点を意識する

1では1点を見つめること、2では視点をゆっくり移動させることを意識する。眼を動かしていることが実感できる

眼だけを動かす。頭や首がつい動いてしまうので、親が適宜アドバイスする

3 首のストレッチ

座ったまま、今度は頭を動かす。
正面に目印をつけて、その点をずっと
見つめながら頭を上下、左右、
ななめという順で動かす

4 ボール遊びをする

目印をよく見て、ボールを投げて
当てる。目印は壁に貼ってもよいし、
カゴを用意してもよい。ボールは
やさしく投げる

POINT

休憩にもなる

首をぐるっと回すと眼や頭、首、肩などの疲れがとれる。勉強中やトレーニング中に疲れてきたら、首を回して休憩するとよい。

正面の壁に星印を貼るなどして目印をつくり、それを見続けながら首を動かす

結果をチェック! 痛みがあれば中止する

ウォーミングアップで眼を動かしたときに痛みや違和感があった場合には、トレーニングを中止してください。眼のなんらかの病気にかかっている可能性があり、そのまま続けると悪化することがあります。

↓

対策 眼科を受診しましょう。トレーニングはいつでもできます。まずは眼の痛みや違和感を解消してください。

5 トレーニング開始

目印をじっくり見ること、
視線を動かすことがひととおりすんだら、
本格的なトレーニングを
スタート

トレーニング遊び編

遊びの一環としてできることが多い

どんな内容？

本書ではビジョン・トレーニングを遊び編とワークシート編の2種類に分けています。遊び編は遊びの一環として実践できることです。

注意点は？

遊びとはいっても、目的やねらいがあります。眼や体を規定のとおりに動かさないと、トレーニングになりません。

1 遊びをチェック

トレーニングをはじめる前に、ふだん子どもがどんなことをして遊んでいるか、チェックしておく

POINT

遊び場が減った

現在では、外に出て虫や鳥など動くものを眼で追う経験はしにくくなっている。テレビやゲーム機などの画面上で視点を動かす経験はできるが、移動の幅が狭く、視覚機能の発達にはつながりにくい。遊び場の減少や変化が、視覚機能の育ちにくさに関わっている可能性がある。

子どもどうしで安全に遊べる場所が減った結果、量販店に集まり、ゲーム機で遊ぶなどの習慣がみられるように

2 ありのままを見る

子どものいまの状態を把握する。視点を大きく動かしたり、眼と体を同時に使ったりする遊びの少なさが実感できる

4 増やしても限界がある

遊びのバリエーションを増やすことには限界がある。とくに遊び場の少ない地域では、経験しづらいことがある

3 手遊び・外遊びを増やす

つみ木や粘土などを使う手遊び、ボールやブランコなどを使う外遊びを増やす。それによって眼や手の機能の発達がうながされる

5 トレーニングで補う

ビジョン・トレーニングをおこなうことによって、ふだん経験していない、眼や手の使い方を体験する。発達がますます促進される

家の中に広いスペースをつくり、つみ木やドミノなど、手を使って遊ぶ道具を用意する

結果をチェック! 無理じいしていないか

遊びの種類を増やすことによって発達がうながされるのは事実ですが、それを強要しないようにしましょう。たとえ外に連れ出して遊ばせても、子どもが興味を示していなければ、眼や体をいきいきと使うことはありません。

↓

対策 子どもの興味・関心ありきで、遊びやトレーニングの種類を増やしていきましょう。本人が能動的に遊べることが重要です。

POINT

積極的に体験できる環境を

遊び場や道具を用意して、子どもが遊びたいと思えば手遊びや外遊びができる環境をつくる。

遊び編①
追従性
眼球運動

動くおもちゃを タッチ＆キャッチ

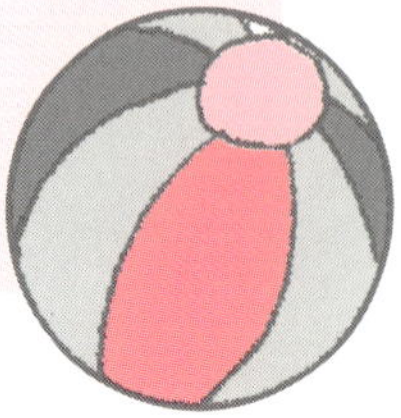

どんな内容？

視線をゆっくり移動させる練習です。読みとばしが多い子、キャッチボールが苦手な子に適しています。子どもの好きなおもちゃを使うことで、視線移動がしやすくなります。

注意点は？

眼を動かすだけでなく、手を同時に使うことがポイントです。脳の中の眼を動かす働きと手を動かす働きを連動させて、眼球運動の発達をうながします。

1 おもちゃをぶら下げる

子どもの好きなキャラクターの人形など、小さくてこわれにくいものをぶら下げる。つっぱり棒や家具などにひもをつけて下げるとよい

2 ゆらしてタッチする

おもちゃをゆらし、子どもにその動きを見てもらう。子どもは眼でおもちゃを追い、手の指を使ってタッチする

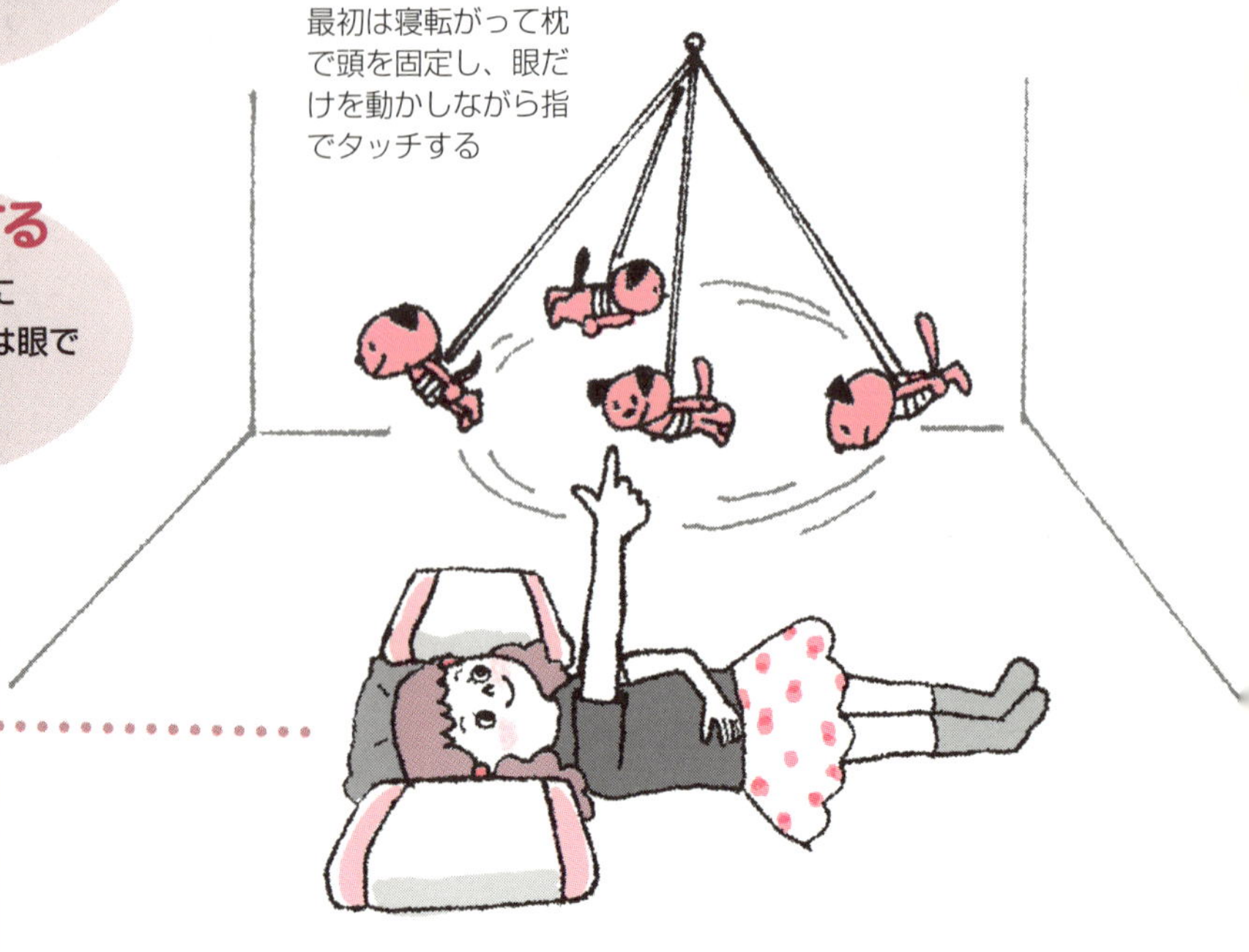
最初は寝転がって枕で頭を固定し、眼だけを動かしながら指でタッチする

POINT

頭を動かさない

おもちゃの動きにつられて頭や首が動いてしまう子が多い。その場合は枕をいくつか使って、子どもが頭を動かさないように固定するとよい。

POINT

バランス器具を使う

視線や姿勢が安定しにくい状態をつくると、トレーニングの難易度を上げることができる。そのために役立つのがバランス器具。子どもが上に乗ると、足元がゆれる。より高度なトレーニングに挑戦できる。

バランスボードが市販されている

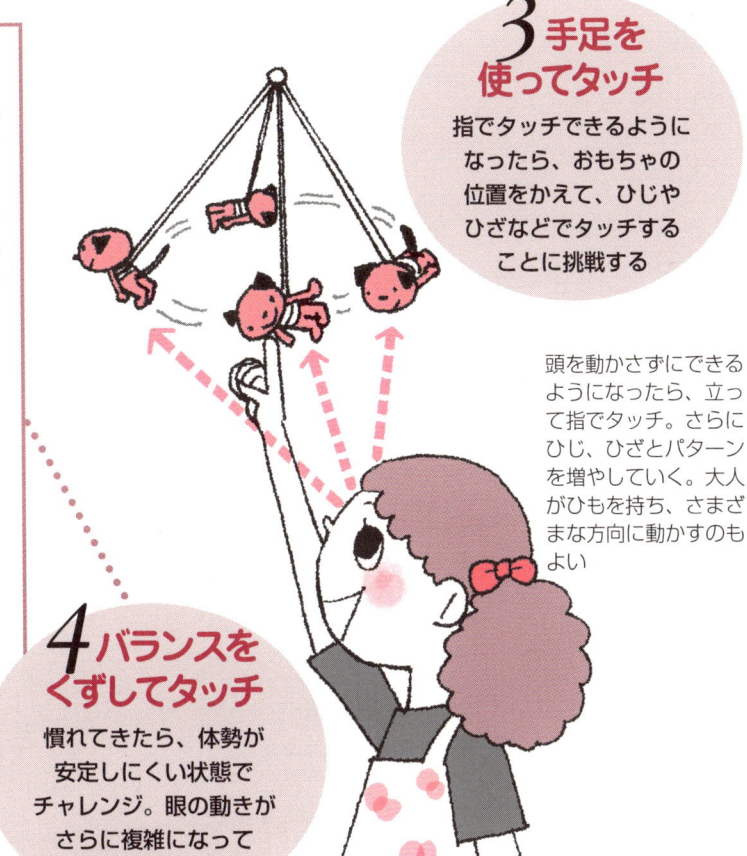

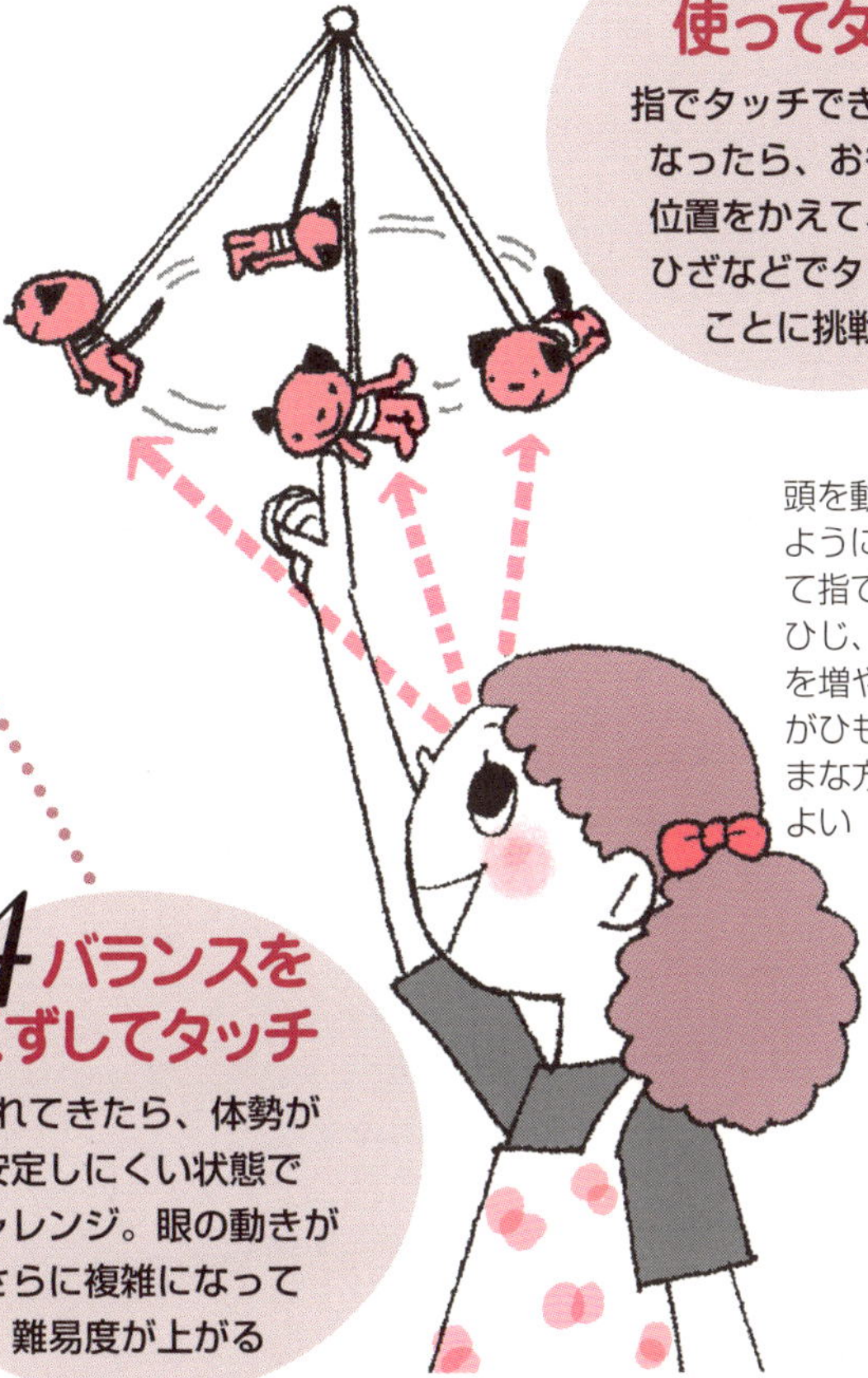

頭を動かさずにできるようになったら、立って指でタッチ。さらにひじ、ひざとパターンを増やしていく。大人がひもを持ち、さまざまな方向に動かすのもよい

3 手足を使ってタッチ

指でタッチできるようになったら、おもちゃの位置をかえて、ひじやひざなどでタッチすることに挑戦する

4 バランスをくずしてタッチ

慣れてきたら、体勢が安定しにくい状態でチャレンジ。眼の動きがさらに複雑になって難易度が上がる

アレンジアイデア

1.お手玉キャッチ

お手玉ひとつを両手で上に投げ、キャッチする。それができたら片手からもう片方の手に投げる。投げる高さを上げていく。手元を見ず、お手玉の動きを眼で追うことがポイント。

2.テーブルホッケー

ゴムボールやピンポン玉、ビー玉などのボールを使って、テーブルでホッケーをする。小さな板などを使って、ゆっくりボールをはじき合う。ボールをテーブルから落としたら負け。ボールが小さくなるほど難しくなる。

3.ボールキャッチ

2と同様に、さまざまなボールでキャッチボールをする。慣れてきたら、よくはねるボールを使ってワンバウンドキャッチ。テーブルの上を転がしてもらって受けとるのもよい。

遊び編②
跳躍性眼球運動

頭を動かさずに眼をキョロキョロ

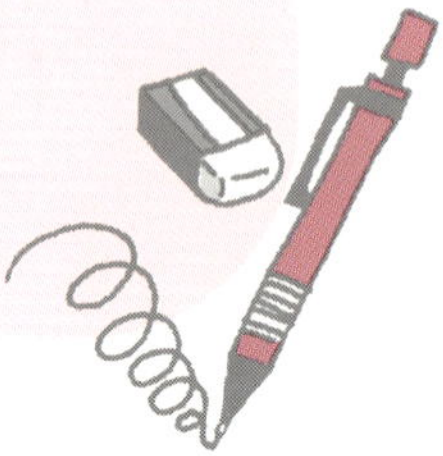

どんな内容？

「跳躍性眼球運動」の練習です。ものを探すことが苦手な子、球技が苦手な子に向きます。ペン先からペン先へ、視点をジャンプさせるように動かします。見るものを指定することで、意識的に練習できます。

注意点は？

頭を動かさないことと、視線を素早く移動することが必要です。視線をゆっくり動かすのではなく、パッと瞬間的に移動させてください。

1 メトロノームを用意

素早く動かすことを意識するために、メトロノームを使ってリズムをきざむとよい。一定のテンポで音を鳴らし、その音に合わせて視点をかえる

2 ペン先を近くで見る

2本のペンの先を交互に見る。左、右、左、右と素早く視点を移す。自分で持つと疲れる子もいる。最初は親が持つとよい

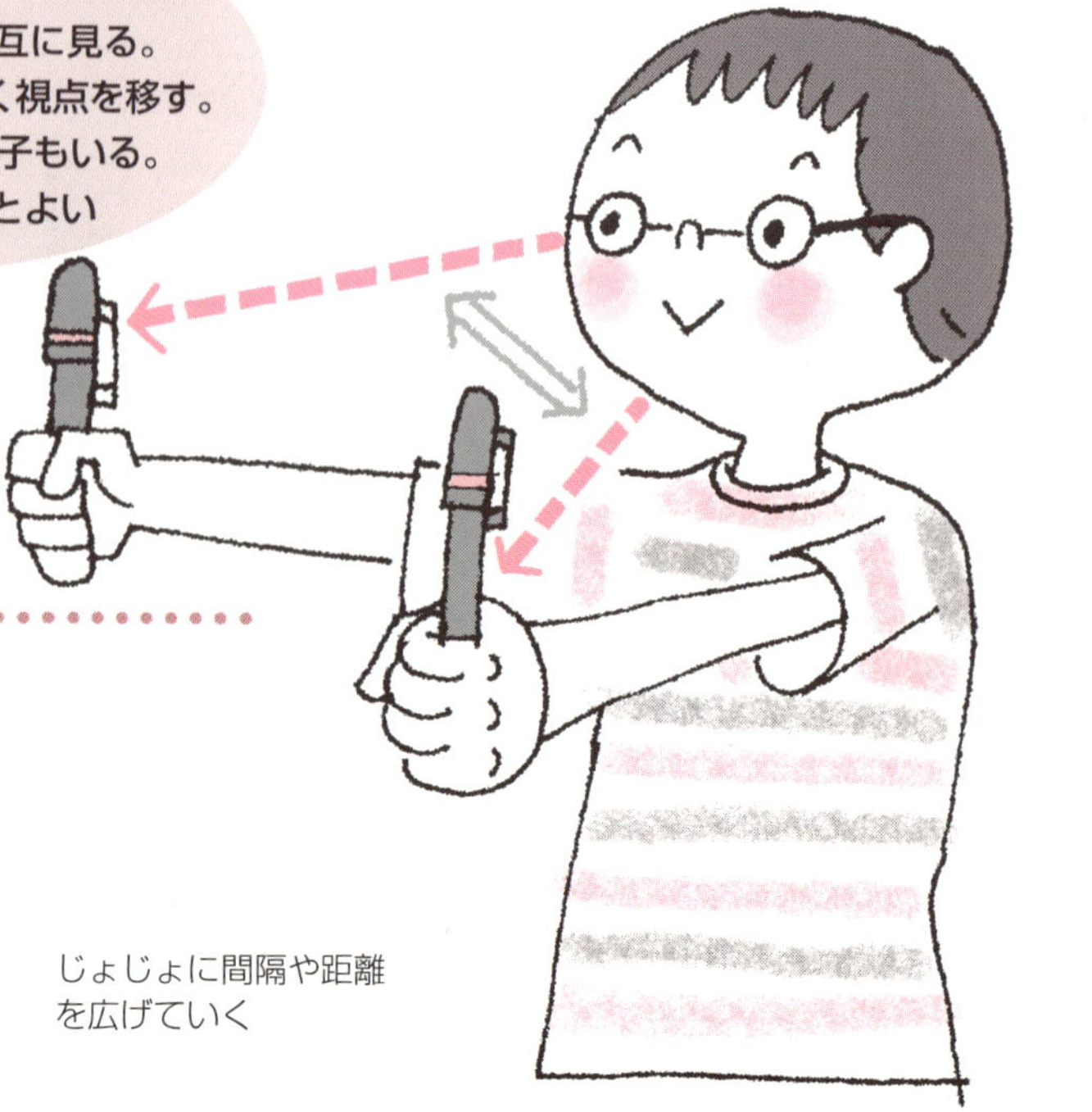

じょじょに間隔や距離を広げていく

POINT

持ち方をかえる

横方向に並べて持ち、見ることに慣れてきたら、ペンの持ち方をかえる。ななめに角度をつけたり、たて方向に並べたりする。

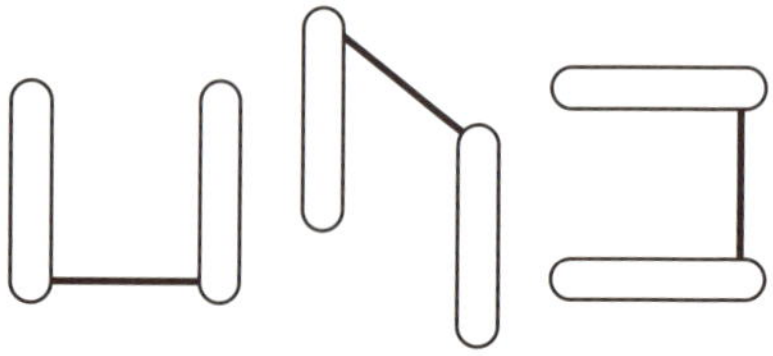

4 部屋でものを探す

部屋に、ふだんは置いていないものをわざと置く。子どもにそのなかのひとつを探してもらう。頭や体を動かさず、眼だけを使って探す

3 ペン先を離して見る

両手を広げてペンの間隔をあける。また、家族が50cmほど離れた位置でペンを持ち、距離をあけるのもよい。視点移動の幅を広げる

POINT

見慣れないものを置く

いつも部屋にあるものだと、置き場所を知っているのでトレーニングにならない。わざと見慣れないものをたくさん置いて、そのなかから探してもらう。

いろいろな種類の飾りをつけたり、人形や帽子をふだんと違う位置に置くなどして、ものがすぐには見つからないような配置にする

アレンジアイデア

1.動物探し

動物やゲームのキャラクターなど、子どもの好きなもののマグネットを用意する。冷蔵庫のドア部分やホワイトボードなどにマグネットをつけ、特定のものを探してもらう。

2.もぐらたたき

市販のもぐらたたきゲームで遊ぶ。もぐらが出てきた瞬間に視点を移動するため、跳躍性眼球運動のトレーニングになる。

3.ライト遊び

部屋を少し暗くして、ペンライトや懐中電灯の光を壁に当てる。親が光をパッパッと動かし、子どもはその動きに合わせて視点を動かす。

遊び編③
両眼のチームワーク

じーっと見つめてビーズを両眼視

どんな内容？

遠くから近くへの視線の切りかえが苦手な子や、ときどきものが二重にぼやけて見える子に合うトレーニングです。斜視のある子はトレーニングの前に眼科を受診してください。

注意点は？

眼をよせることが苦手な子には、トレーニングの内容がなかなか伝わりません。大人が丁寧に説明してください。

トレーニングの内容を説明しながら、親子でいっしょに道具をつくる

1 ビーズとひもを用意

直径1cmほどの大きさのビーズを、5つ用意する。ビーズの穴と同じくらいの太さのひもを1本用意する。細すぎるとビーズが動いてしまうので、適度な太さのものにする

2 道具を自分でつくる

5つのビーズにひもをとおす。ひもの向きを傾けたとき、ビーズがすべて動いてしまうようであれば、ひもが細すぎる

POINT

市販されている

ビーズにひもをとおしたものは、ビジョン・トレーニング用の専門器具「ブロックストリングス」として市販されている。インターネットを通じて購入できる。

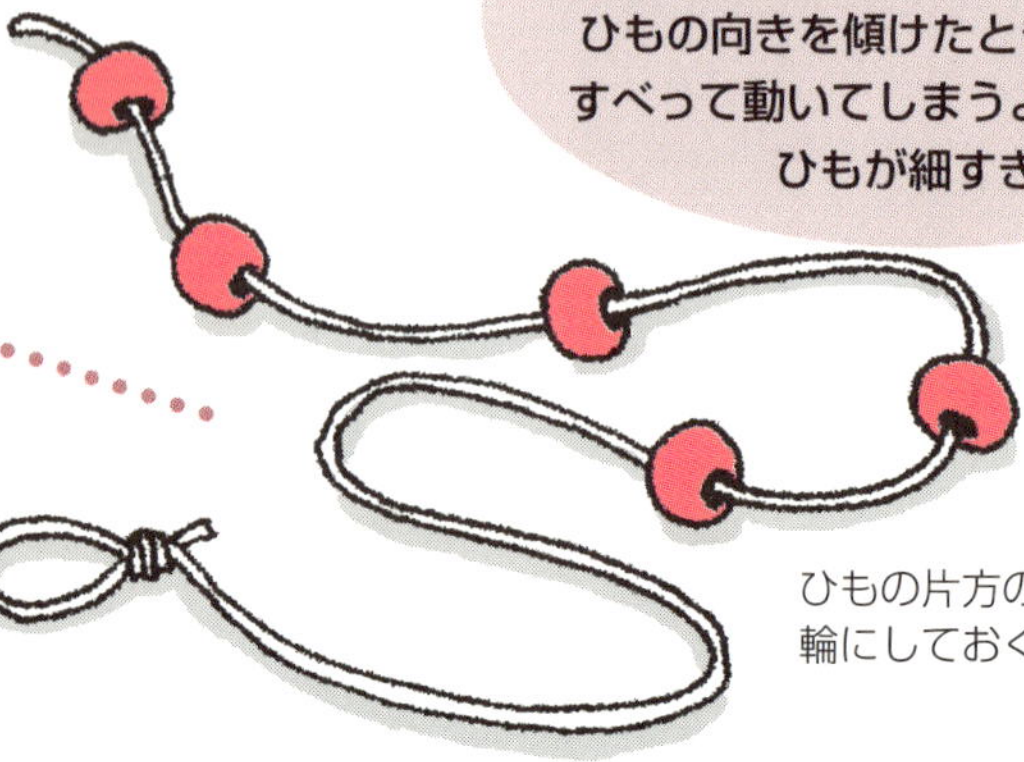

ひもの片方の先端を輪にしておく

3 ひもをはって ビーズを調整

ひもの先端の輪を家具にかけ、そこから2mほど離れた位置まで動き、ひもをピーンとはる。子どもはその位置でひもを持つ。大人はビーズを下図のような間隔になるよう動かす

4 両眼でビーズを見る

子どもはひもを眉間の前に持ち、そこから家具までが一直線になるように、体の向きを調整。遠くのビーズから近くのビーズへ両眼の視線を向けていく

5 遠くから近くへ

遠くのビーズと近くのビーズを交互に見て、素早く視線の切りかえができるようにする。苦手な距離のビーズを見る練習をする

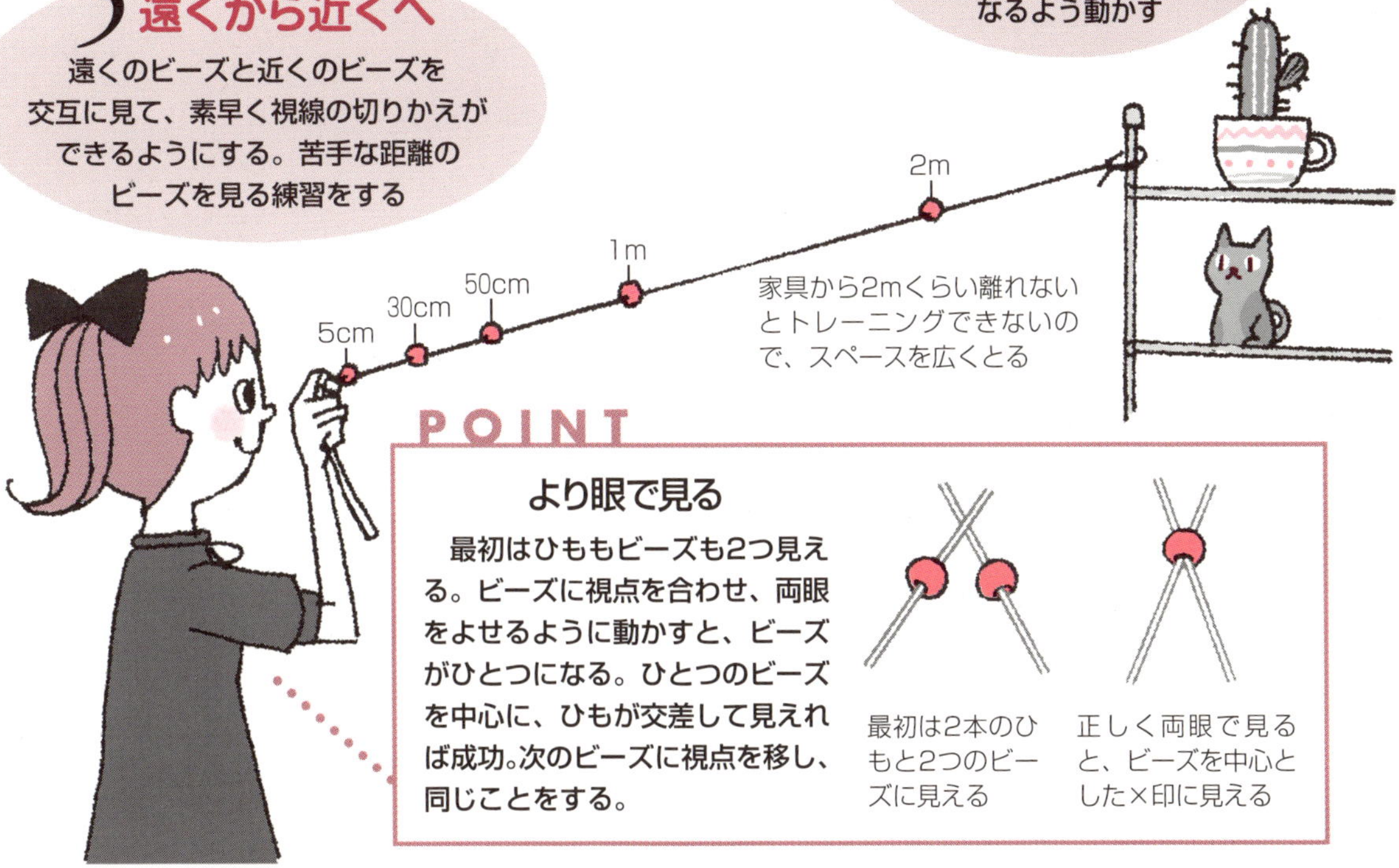

家具から2mくらい離れないとトレーニングできないので、スペースを広くとる

POINT

より眼で見る

最初はひももビーズも2つ見える。ビーズに視点を合わせ、両眼をよせるように動かすと、ビーズがひとつになる。ひとつのビーズを中心に、ひもが交差して見えれば成功。次のビーズに視点を移し、同じことをする。

最初は2本のひもと2つのビーズに見える

正しく両眼で見ると、ビーズを中心とした×印に見える

アレンジアイデア

3Dチャレンジ

2つの図形をより眼で見ると、内側の丸がとび出して見える。最初は2つの図形が二重になり、4つに見える。4つのうち内側の2つが重なるようになっていき、立体的に見える。

2つの図の間隔を広げると、難易度が上がる

※ビーズの両眼視と3Dチャレンジができなくても、目の異常ではありません。専門家に相談し、見方のコツを聞いて再チャレンジしてみましょう。図より手前もしくは奥に、焦点をあわせるのがコツです。

遊び編④
眼と体の協応

大人のポーズを見てまねする

どんな内容？

動きの模倣が苦手な子、ボディ・イメージができていない子に向きます。体操を通じて自分の体を認識します。上下左右を理解することを目指します。

注意点は？

体のどの部位を動かしているか、意識することが大切です。筋力や体力のトレーニングではないことを理解してとりくみましょう。

1 大人がポーズをとる

親子で向かい合い、親が両手両足を動かしてポーズをとる。左右同じ形からはじめて、じょじょに左右の形をかえていく

見ながら体を動かすトレーニングなので、大人が見本を示す

2 子どもがまねをする

子どもは親のポーズをまねする。眼と体の協応ができていない子はポーズを間違えたり、左右が入れ替わってしまったりする

POINT

左右をチェック

大人が左足を上げたときに、右足を上げるなど、左右を間違える子がいる。上下左右の一致をチェックする。手足の向きや角度も確認する。

3 2人で確認する

ポーズが合っているかどうか、親子で確認。間違っていても、失敗として責めるのではなく、どこが違うか具体的に伝える

どの部分が違うか、指をさし、声に出して説明することで、意識しやすくなる

たくさんのポーズを写真で示し、そのうちのひとつを指さしてまねしてもらう

4 スピードを速くする

ポーズをとることができるようになってきたら、スピードアップ。メトロノームを使ったり、ポーズの一覧表を使ったりして工夫する

POINT

声に出しながら

見てまねするだけでは上下左右を意識しにくい。大人が「左足」「右手」「上げて」などと声を出すことで、位置を意識しながら作業できる。

アレンジアイデア

1. ラケット遊び

バドミントンや卓球のラケットを持ち、ひとりで羽根やピンポン玉を軽く打ち上げる。落とさずに何度打ち上げられるか、チャレンジする。羽根やピンポン玉を眼でとらえ、その動きに手を合わせるトレーニングになる。

2. フリスビー

広いところに行って、フリスビーを使って遊ぶ。フリスビーの動きを眼で追い、その着地点に体や手を動かすことでトレーニングができる。

3. 声出し歩き

歩きながら、自分が動かしている部位や進んでいる方向を口に出して言う。大人が矢印や文字で動く方向を示すのもよい。

遊び編⑤
視空間認知

ブロックで見本の形を再現する

どんな内容?

ブロックを使って、平面の図や立体的なものの形を正確にとらえる練習をします。文字の形を認識しにくい子、方向がわかりにくい子に向きます。

注意点は?

形を再現するというねらいがあるため、通常のブロック遊びよりも難しく、そのぶん疲れます。ふだんの遊びと同じ感覚で長時間続けないようにしましょう。

1 同じブロックを探す

テーブルに、形の異なる複数のブロックを並べる。そのなかから親がひとつのブロックをとり、子どもに同じ形のブロックを探してもらう

口頭でヒントを出すと言語的に考えてしまうので、しゃべりすぎに注意

POINT

最初はシートの上に

2つのブロックを使うとき、最初はブロックの見本のシートをつくり、その上に並べるようにすると、やりやすい。

2 同じ形をつくる

次に、親が2つのブロックを使って、ひとつのかたまりをつくる。子どもにそれを見せ、同じ形を再現してもらう

POINT

難易度をかえて

ブロック遊びは難易度の調整がしやすい。完成形を左右に反転させて再現してもらう方法や、特定の図形からブロックをひとつとりのぞき、とりのぞいたブロックを当ててもらう方法など、さまざまなアレンジができる。

3 図をブロックで再現

使うブロックの数をじょじょに増やす。ブロックごとの境界線を見せず、完成図のりんかく線だけを見せると、難易度が上がる

完成図を絵として示す。どのブロックを使えばよいかわからないので難易度が高くなる

4 見本をかくして再現

見本や完成図を一度見せて覚えてもらい、子どもが作業をはじめる前にかくす。形を記憶して、頭の中に見本を再現する練習

アレンジアイデア

1.好きな道具で再現

ブロックのほかに、人形や手芸用品などでも同様のトレーニングができる。人形のポーズや布の切り方を再現するなど、子どもの興味に合った方法でおこなう。

2.モールで再現

ブロックでは図形の認知を通じて視空間認知機能が発達する。手芸用モールを使うと、字の形を使ってトレーニングができる。書くことが苦手な子に向く。

モールで「木」「本」などの漢字をつくる

トレーニング
ワークシート編

ワークシートを自作して楽しむ

どんな内容？

遊びを通じて視線を大きく動かし、トレーニングをするとともに、ワークシートで視線のこまかな動かし方も学ぶと、よりいっそうの効果が期待できます。

注意点は？

子どもの状態に合ったワークシートを用意します。専門家と相談しながら、ほどよい難易度のワークシートを自分たちでつくるとよいでしょう。

2 試しにやってみる

自作のワークシートを使って、トレーニングを試行。子どもが楽しみながら、眼をよく使うことができているか、確認する

1 書いてみる

本書やビジョン・トレーニングのワークブックを参考にして、トレーニング用のワークシートを書いてみる

方眼紙に点を打ち、子どもに点つなぎのトレーニング（76ページ参照）をしてもらう

POINT

方眼紙が便利

ワークシートをつくるときには、方眼紙や罫線《けいせん》入りの紙を使うとよい。点や線を規則的に書くことがしやすい。

POINT

くり返し使うことを考えて

トレーニングが軌道にのれば、毎日ワークシートを使うこともある。オリジナルの紙を用意して、細部をかえてコピーするか、パソコンを活用するとよい。

パソコンでひな型をつくっておけば、線の角度をかえるなど、調整が簡単にできる

4 パソコンを活用する

必要な内容がわかってきたら、パソコンでワークシートを作成。データを保存し、その後は細部を変更する。バリエーションが手軽に増やせる

5 難易度を調整する

トレーニング中の子どもの様子を見て、線の本数や太さ、文字の量などをかえ、難易度を調整する

3 つくり直す

子どもの好みやレベルを考えながら、ワークシートをつくり直す。試行錯誤をくり返し、楽しめるものにかえていく

簡単すぎて嫌がる様子など、子どもの反応を見ながらワークシートを直す

結果をチェック！ 難易度は合っているか

ワークシートを使うトレーニングは、線の太さや点の数などによって、難易度が異なります。子どもにとって簡単すぎても、難しすぎても、トレーニングになりません。試しながら、適切な難易度を探っていきましょう。

↓

対策 同様のワークシートを何種類かつくり、難易度を少しずつかえておきます。そのなかで子どもが熱心にとりくめたものを、次回以降の基本形とします。

ワークシート編①
追従性
眼球運動

グネグネした線を丁寧になぞる

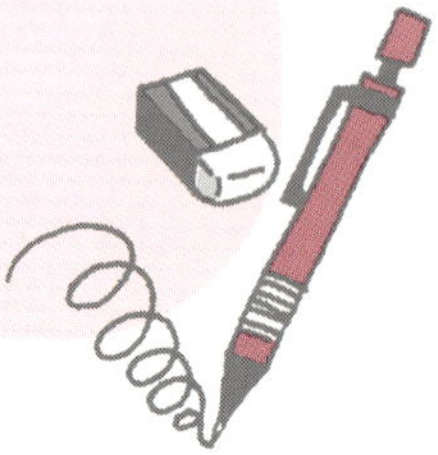

どんな内容？

ワークシートの線や枠にしたがって、ペンを走らせます。手作業が苦手な子、文字のバランスがよくない子に適しています。

注意点は？

眼を動かしながら手を動かすことがポイントです。書きながらときどき眼を離している場合には、トレーニングの効果がうまく出ません。

1 ワークシート作成

単純な直線や図形でつくるものはパソコン、複雑な曲線でつくるものは手書きで作業するとよい

ワークシート作成！

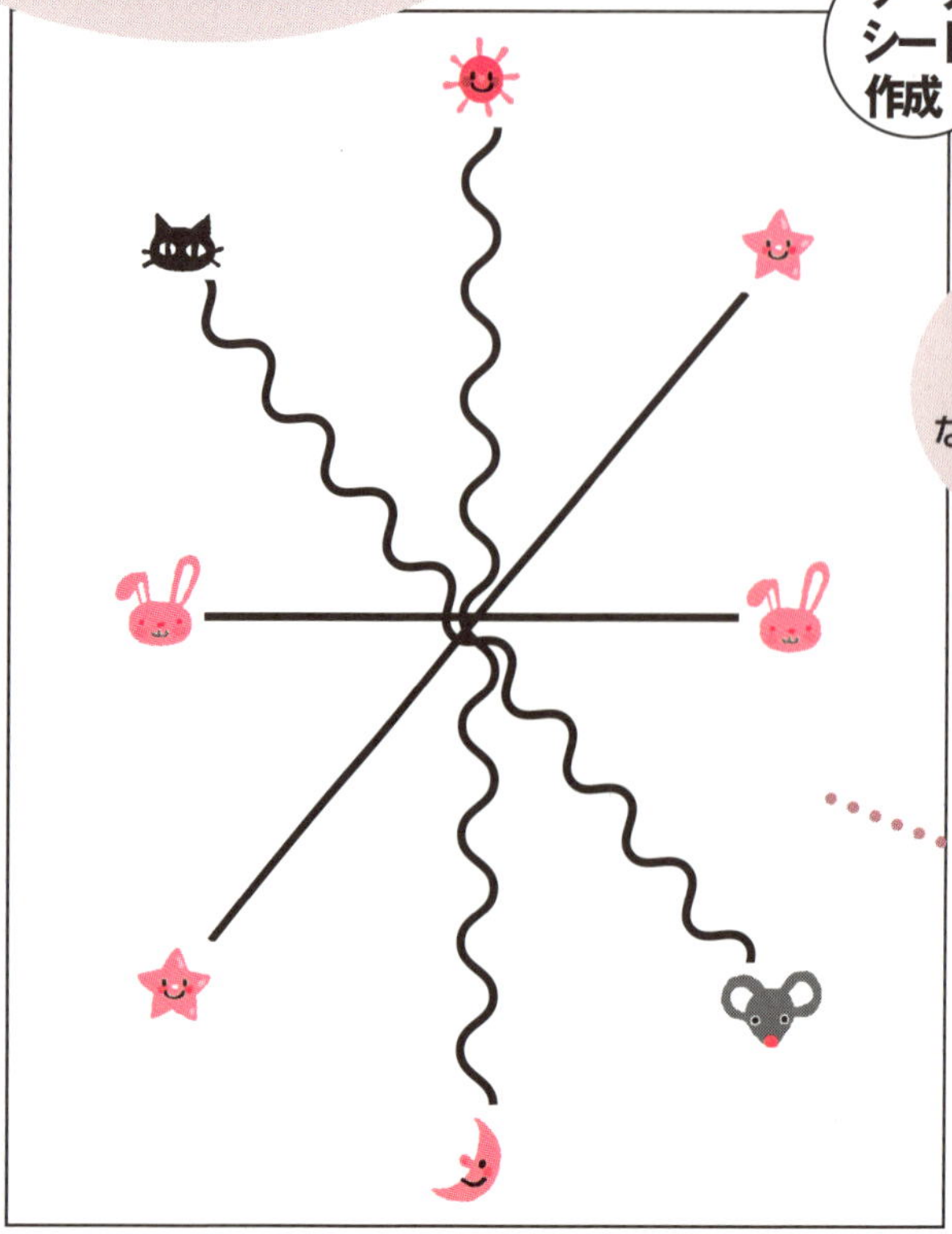

2 線の上をなぞる

子どもがペンを使って、いずれかの線をはじからはじまでなぞる。交差している点で混乱する子は追従性眼球運動の働きが弱い

POINT

交差点を入れる

交わりのない線だと、比較的簡単にたどることができる。交差する点をつくると、線を眼で追うときの難易度が上がる。

ネコ、ネズミと指示して、イラストを指で順番にタッチさせると、跳躍性眼球運動のトレーニングになる

POINT

線にふれないように

線上をたどるトレーニングと、線にふれないようにするトレーニングと、両方にとりくむとよい。右から左に書いて成功したら、次は左から右へ。書き出す位置を上下左右にかえて、バリエーションを増やす。

曲線の間に線を引いていく。途中で実線に重なり、線上をたどってしまったら失敗

ワークシート作成！

図形の場合も、実線上をたどったり、図形の中に線が入ってしまったら、失敗になる

3 線の間をなぞる

ペンを使って、2つの線ではさまれているところをなぞっていく。線にふれないよう、丁寧に線を書く

4 図形をかえる

円や六角形など、さまざまな図形でチャレンジ。線にふれないよう注意しながら書く

アレンジアイデア

1.迷路ゲーム

ワークシート作成が難しければ、迷路遊びの本を買ってもよい。たどり方や線の書き方などに複雑なルールがもうけてあるものはさける。

2.指やはさみで

ペンで線をなぞれるようになってきたら、はさみを使って線のとおりに紙を切る。ペンを使うのが難しい場合には、指でなぞる。不器用な子には指のほうがよい。

3.両手でなぞる

同じワークシートを2枚用意し、両手にペンを持って同時になぞる。複雑な線をなぞるのは難しいので、○や△、単純な曲線などにする。

ワークシート編②
跳躍性
眼球運動

文字表を見て、特定の文字や単語を探す

どんな内容？

文字列を文章として「読む」のではなく、特定の文字や単語を探すために「見る」トレーニングです。眼で目的のものを探す力を養います。読みとばしの多い子、読むのに時間がかかる子に向きます。

注意点は？

視線を素早く動かすことと、目的のものに眼をとめることが、どちらも重要です。じっくり読んで探すというとりくみ方では、効果が出にくくなります。字が読めない子には記号や絵を使います。

1 本やプリントを使う

子ども向けの本や、
学校や児童館などで配られる
プリントを用意する。そのうち
どこか1ページをワーク
シートとして使う

絵本など、文字数の少ないものを使う。最初は特定の文字を指さすだけでもよい

2「あ」に印をつける

親が「あ」や「が」など、
探してほしい文字を指定する。
子どもは本やプリントの文章を見て、
指定された文字に印をつける。
ペンやマーカーを使う

POINT

文章は読まない

文章を読んで内容を理解する必要はない。子どもには内容を気にせず、形だけを見て、文字を探してもらう。

ワークシート作成！

か	き	さ	せ	も	ぽ	ん	よ
ど	る	も	ぐ	と	め	で	と
で	ぺ	ぬ	ち	ー	ず	り	は
せ	た	ん	ら	れ	ば	ら	や
る	み	さ	ぎ	か	ま	ん	て
ま	ぱ	ん	だ	ん	ら	さ	は
く	ぐ	ん	さ	ば	く	さ	は
ろ	お	ゆ	と	ぺ	だ	ま	む
し	ね	こ	り	す	ぺ	し	い
す	お	さ	ず	ど	る	て	ぬ

小学校低学年であれば、かな文字だけの文字列を使う。動物の名前などを探してもらう

3 ワークシートに挑戦

本やプリントを使わず、ランダムな文字列のワークシートをつくってチャレンジしてもよい。文章になっていないぶん、探すことに集中できる

4 文字や言葉に印を

文字列のなかから、特定の文字や、特定のジャンルの単語などを探し、ペンやマーカーで印をつける

POINT

読む方向を決める

ワークシートをつくるとき、単語をたて方向・横方向・ななめ方向に配置する。そのうえで、たて・横・ななめのうちどの方向で読むか決めて指示する。

アレンジアイデア

1.空欄をつくる

文字を規則正しく入れるのではなく、ところどころに空欄を入れてワークシートをつくる。文字で埋まっている場合と比べて、眼を動かすスピードが速くなる。

2.数字でつくる

文字をどうしても読んでしまう子の場合は、数字でシートをつくる。特定の数字を探してもらう。32など、2ケタの数字を探すのもよい。

3.印の文字を読む

親がワークシートのいくつかの文字にあらかじめ、ペンやマーカーで印をつけておく。子どもは印の文字だけを読み上げる。文章や単語に惑わされずに印に視点を合わせることができるかどうか、チェックする。

ワークシート編③
視空間認知

点をつないで字や図をつくる

どんな内容？

字や図を正確に認識するのが苦手な子、字を覚えにくい子に向きます。点をつないで線を書いたり、書き直したりすることで、形を認知する能力を高めていきます。

注意点は？

字や図を書くことを意識しすぎると、書きとりの練習のようになってしまいます。それよりも、書いた図形を左右反転したり、回転したりして、形の変化を体験しましょう。

1 ワークシート作成

ふつうの紙に、5×5の点を打つ。
形の認知に使うので、
定規を使うなどして、点と点の
間は等間隔に

ワークシート作成！

子どもの年齢が高く、5×5でトレーニングするのが簡単なようなら10×10にしてもよい

2 見本をなぞる

点を線でむすび、
2〜3本の線を書く。
それを見本として見せ、
子どもに同じ形を
書いてもらう

POINT

市販の器具もある

5×5や10×10の形に棒をつけた「ジオボード」や、穴をあけた「ペグボード」などの器具が市販されている。棒に輪ゴムをかけたり、穴に棒を差しこんだりして使う。

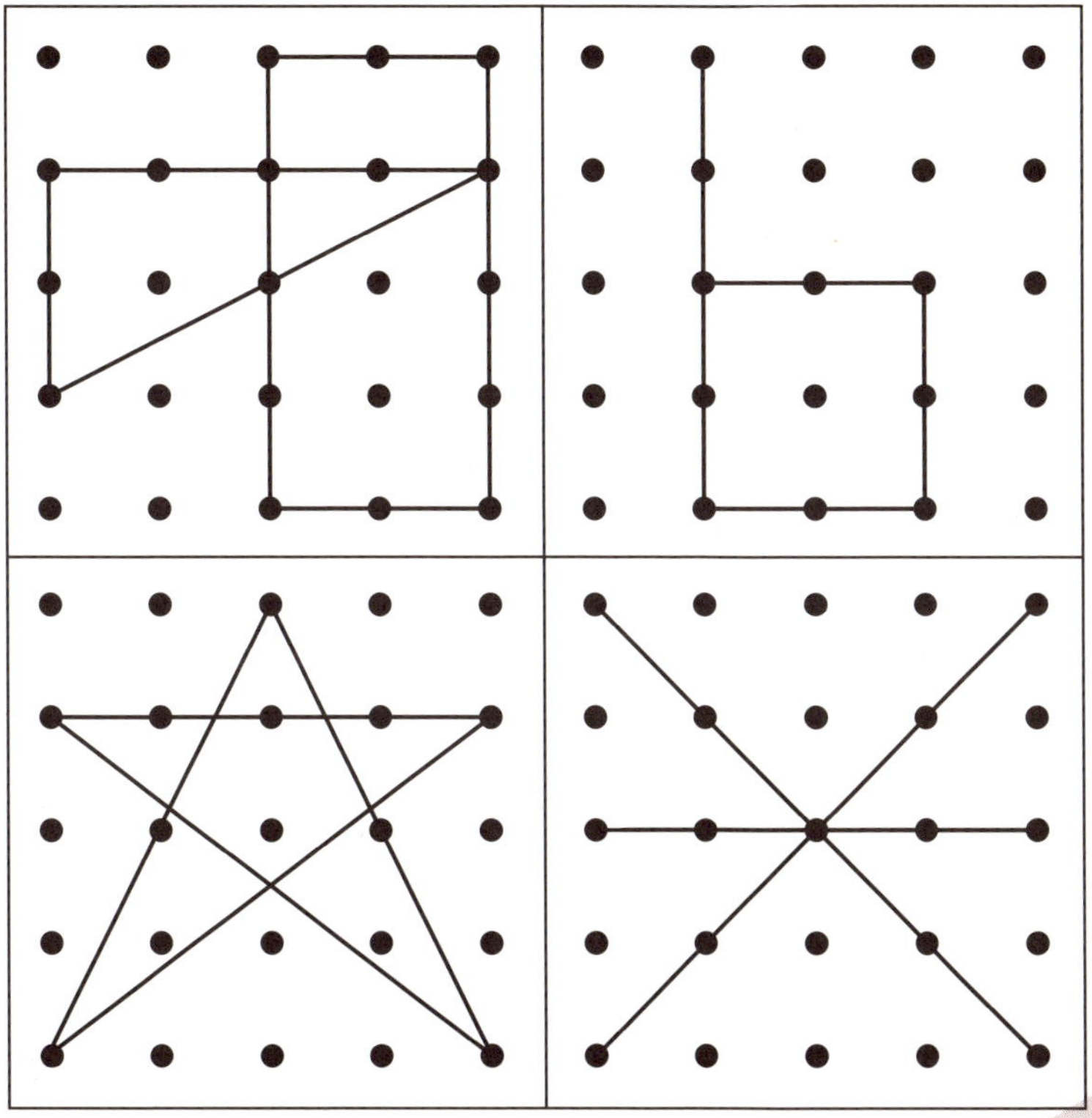

かなや漢字、図形を意識した見本を見せると、字や図の理解につながっていく。太めの好きな色のペンで書くと楽しめる

POINT

反転・回転に挑戦

子どもに見本を見せ、その図を左右反転させた場合の図や、90度回転させた場合の図を想像で書いてもらう。見本を反転・回転させずに書ければ、認知能力が上がっている。

3 見本を増やす

点をつないでつくる見本を、じょじょに複雑にしていく。線を増やして字のような形にしたり、交差する点を少しだけかえて提示したりする

アレンジアイデア

1.順番をつけて

線に番号をつけて、順番どおりに書いてもらう。書き順を覚えるたすけになる。簡単な図からはじめて、じょじょに字のような形にしていく。

2.器具を使って

ジオボードやペグボードを使うと、指をよく動かし、形をつくり直しながら作業できる。よりいっそう、脳を働かせることになる。

3.見本をかくして

正確に再現できるようになってきたら、見本をかくして再現することにチャレンジ！　最初は見本がないと点の位置がずれるが、じょじょに改善していく。

PCソフトのトレーニング

市販のPCソフトも活用できる

どんな内容？

PCソフトを使ってビジョン・トレーニングをすることができます。手軽にトレーニングのバリエーションを増やせます。

注意点は？

眼を大きく動かすために、ある程度の大きさの画面でトレーニングしてください。また、PCソフトだけでなく、遊び編やワークシート編のトレーニングもおこないましょう。

1 ソフトを用意する

ビジョン・トレーニングに活用できるPCソフトが、いくつか市販されている。子どもの状態に合ったものを用意する

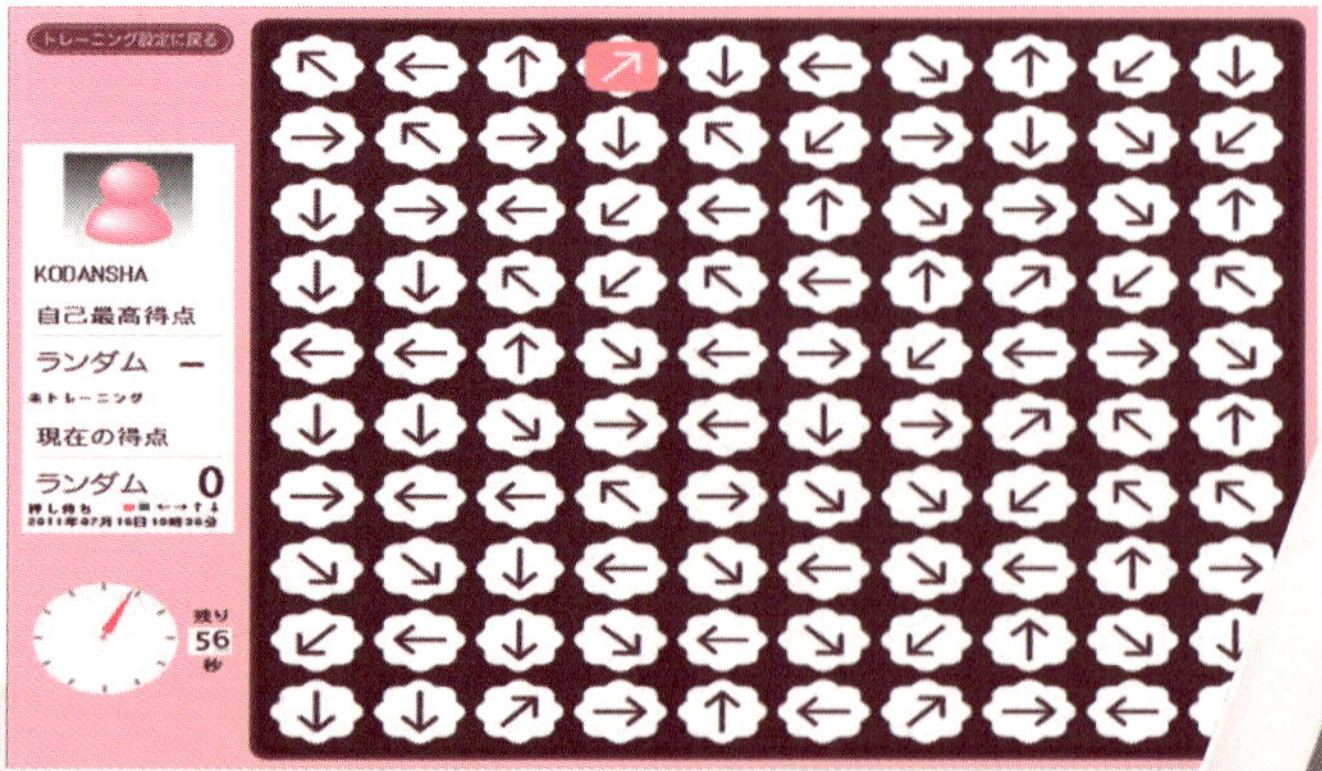

眼球運動や両眼のチームワーク、方向認知、文字を見て声を出すなどのトレーニングができる

CD-ROMで販売されている

学ぶことが大好きになる 3DビジョントレーニングPCソフト版

●問い合わせ先：視機能トレーニングセンターJoy Vision（メール　info@joyvision.biz）

親もいっしょに座り、子どものトレーニングの様子を見守る。合っていないようであれば内容をかえる

POINT

眼を動かす

眼を大きく動かさないと、トレーニングにならない。ネットブックなど、画面の小さなPCを使うことはさける。

POINT

手を動かす

手を動かすことも大切。マウスやキーボードなどを操作するだけでなく、画面上を指さしたり、なぞったりする。

2 楽しく活用する

PCソフトを使うと、子どもはトレーニングをゲーム感覚で楽しめる。最初にPCソフトから入る子もいる

結果をチェック! やりすぎに注意

ゲーム感覚で遊んでいると、眼が疲れるまでやってしまうことがあります。やりすぎないよう、1日10分ぐらいに。クリアすることが目的ではなく、毎日続けて、眼を上手に使えるようになることが目的だと説明しましょう。

↓

対策 トレーニング時間を最初に決めておき、時間がきたら親が声をかけて、やめさせるようにします。

すぐに使えるPCソフト

ビジョントレーニングⅡ

●問い合わせ先：レデックス株式会社（メール　info@ledex.co.jp）

特別支援教育ソフトウェア しっかり見よう!

●問い合わせ先：有限会社理学館（メール　info@rigakukan.com）

トレーニングのプラン

複数を組み合わせてマイプランを立てる

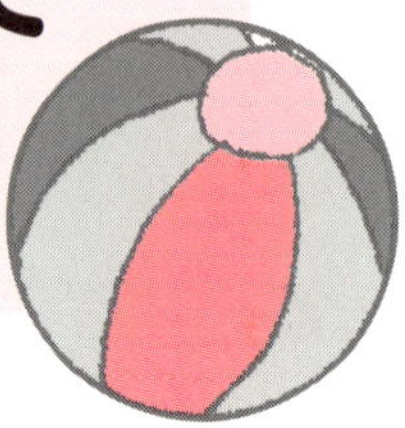

どんな内容？

トレーニングをすることに慣れてきたら、いくつかの種類を組み合わせて、子どものためのトレーニングプランをつくります。

注意点は？

プランどおりにこなすことを義務にすると、子どもに負担がかかります。プランはあくまでも計画。予定どおりにできなくても、親子ともに、落ちこまないでください。

1 プランをつくる

子どもが苦手としているところを伸ばしていけるよう、必要なトレーニングを組み合わせてプランをつくる

○○くんのトレーニングプラン

①遊び編　△△人形にタッチ！（5分）
②ワークシート編　迷路ゲーム（5分）
③PCソフト（10分）
④運動　風船バレーボール（10分）
⑤漢字の書きとり（10分）
※毎日、①～⑤のうち2つにチャレンジしよう！

プランを紙に書き出して、子どもに見せながら相談する

子どもが嫌がらなければ、書きとりや計算ドリルなどをトレーニングに組み入れてもよい。書きとりはホワイトボードに大きく字を書くと、眼球運動のトレーニングに。好きな色のペンで楽しく書く

2 子どもと相談する

プランの内容を子どもに伝え、とりくめそうかどうか、相談する。子どもの希望もとり入れるとよい

POINT

運動も入れる

机でおこなう作業だけでなく、全身を動かす運動系のトレーニングも入れると、子どもが楽しみながらできる。

毎日できるなら5～15分

家庭では、毎日短時間とりくむのがやりやすい。10分前後でかまわない

毎日内容がかわるので、あきずにとりくめる

3 暮らしに合わせて調整

家庭によって、毎日とりくむことが合う場合と、週に1～2回とりくむことが合う場合がある。生活に合わせる

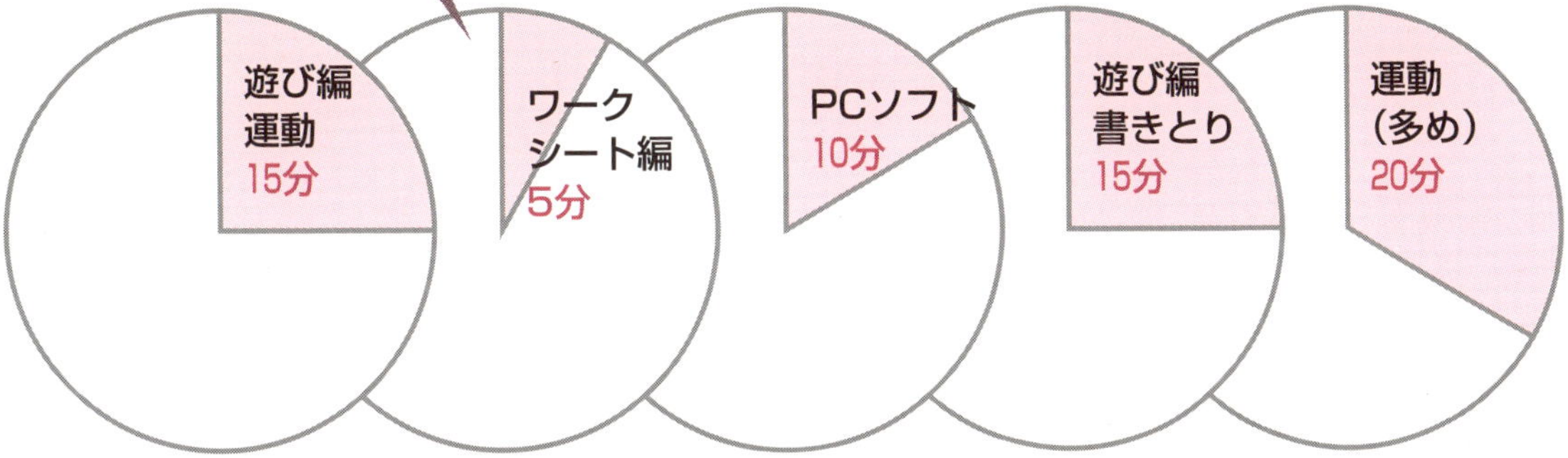

遊び編
運動
15分
ワーク
シート編
5分
PCソフト
10分
遊び編
書きとり
15分
運動
（多め）
20分

4 できる範囲で続ける

プランを実践。計画どおりにできればよいが、難しい場合はできる範囲で続けていく。プランを修正するのもよい

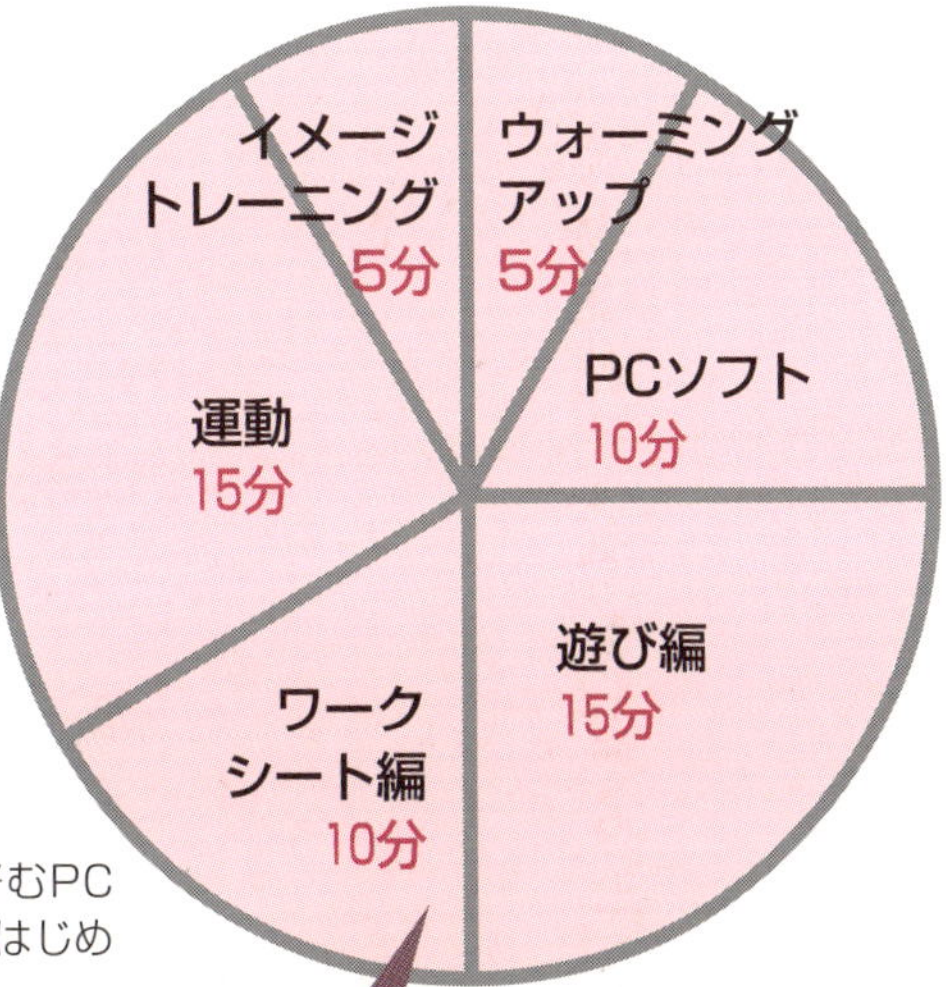

イメージ
トレーニング
5分
ウォーミング
アップ
5分
PCソフト
10分
運動
15分
遊び編
15分
ワーク
シート編
10分

子どもが好むPCソフトからはじめるプラン

週に1回なら30～60分

学校でとりくむ場合は週1回60分、週2回30分ずつなど、一度にまとめておこなうとよい

結果をチェック！ 1ヵ月ごとに見直し

プランにそってトレーニングをはじめたら、記録をとっておくとよいでしょう。1ヵ月ほど経過した時点で、子どもが上達したポイント、積極的にとりくめなかったことなどを確認して、今後の参考とします。

↓

対策 確認したことにそって、トレーニングプランを見直しましょう。簡単にできるようになったことは難易度をかえるなどします。

トレーニングの最後に

最後にイメージトレーニングでリラックス

どんな内容？

トレーニングを楽しく終えるために、最後に眼と体をリラックスさせます。そうすることで、次回のトレーニングにも積極的にとりくめます。

注意点は？

子どもをリラックスさせるとともに、子どもの疲れ具合や、トレーニングの進み具合を確認しましょう。

1 トレーニング終了

トレーニングが終わったことを子どもに伝え、最後までがんばってできたことをほめる

運動系のトレーニングにとりくんだあとは、お父さんもヘトヘトに

2 疲れをチェックする

子どもの疲れ具合をチェック。頭痛や体のだるさ、息切れなどがあれば、負担がかかりすぎている

POINT

眼も疲れている

体の疲れは気づきやすいが､眼の疲れは見逃しがち。子どもが頭痛をうったえたり、まばたきをくり返したりしていたら、注意して。

POINT

よいイメージで終わる

トレーニング中に失敗したときには、そのまま終了すると嫌なイメージを引きずってしまうことがある。イメージトレーニングをすることで、それが防げる。

3 座って深呼吸する

親子でイスなどに腰かけて、ゆっくりと深呼吸をする。眼をつぶり、体をリラックスさせる

呼吸を整えるためにも、整理体操が必要

4 楽しいことをイメージ

深呼吸をするとともに、トレーニングとは関係のない、好きなものを思い浮かべる。気持ちもリラックス

5 リラックスして終わる

心身ともにリラックスできたところで終了。トレーニングに使った道具などを片付ける

結果をチェック！ 頭痛はないか

トレーニング終了直後や、終わってしばらくしてから、子どもが頭痛や体のだるさ、疲れをうったえていれば、トレーニング内容が合っていない可能性があります。眼の疲れは、だるさや首・肩の痛みなどにつながります。

↓

対策 トレーニング内容を見直すとともに、専門家にも相談しましょう。眼を使うことで疲れが出やすい場合、眼の病気にかかっている可能性もあります。

※北出勝也（hattorikun@minos.ocn.ne.jp）までメールでも相談できます。

発達障害の子は疲れやすい

発達障害の子は、注意力を働かせることが苦手だったり、読み書きに困難を抱えていたりします。そのため、勉強や運動をしたとき、ほかの子よりも疲れやすい傾向があります。

トレーニングをするときも同様です。きょうだいでいっしょにトレーニングする場合などには、その点に配慮してください。

コラム

スマートフォンでもトレーニングできる？

パソコンやタブレット型ならよい

ビジョン・トレーニングをするときには、眼を大きく動かすことが必要になってきます。

スマートフォンや携帯ゲーム機の画面では、はじからはじに視点を移しても、眼があまり動きません。ビジョン・トレーニングには適していないと考えたほうがよいでしょう。

パソコンやタブレット型の端末など、画面がある程度、大きなものであれば、眼の移動ができます。

画面の大きなものを使い、ＰＣソフトやアプリなどを活用して、楽しくトレーニングを続けてください。

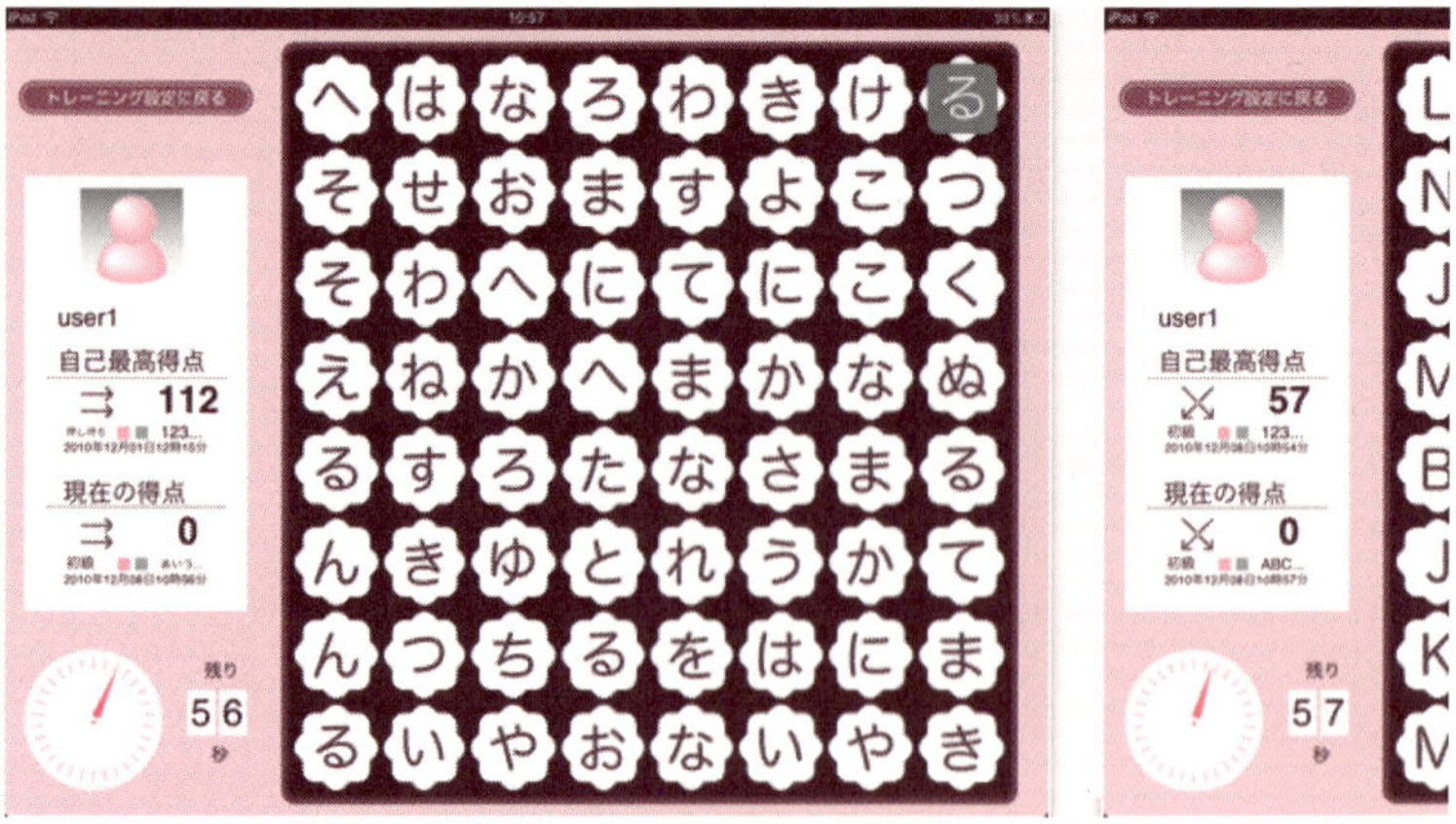

iPad用アプリ「ビジョントレーニング1」（Joy Vision）はApp Storeにて850円で発売中（2011年8月現在）

すぐに使えるアプリ

本書の監修者・北出勝也が制作にたずさわった上記のアプリが販売されている。このアプリはiPad用のみ。android版はない

5 見えれば世界が広がり、自信がつく

ビジョン・トレーニングをすることで、
視覚機能が上手に使えるようになってくると、
勉強にも運動にもとりくみやすくなります。
子どものなかに、チャレンジ精神ができはじめ、
世界が広がっていきます。

トレーニングの効果

見ることや読むことを通じて自信が育つ

どういう意味？

ビジョン・トレーニングによって、ものをうまく見ることができるようになると、それに伴い、子どもがなにごとにも自信をもってとりくめるようになっていきます。

注意点は？

トレーニングの難易度設定が高すぎると、失敗することが多くなり、子どもがかえって自信を失う場合があります。

POINT

視覚はトレーニングできる

視覚機能の使い方は、学ぶことのできるもの。天性の才能ではない。いま上手にできていなくても、トレーニングなどによって、習得することができる。

1 トレーニングをする

トレーニングにとりくみ、視覚機能を育てるとともに、成功体験をつむ。難易度設定がポイントになる

2 見る力が伸びる

トレーニングによって、見る力を伸ばすことができる。効果の現れ方には個人差があるため、あせらずにとりくむ

× トレーニングをしない

見えづらさの原因を「眼が悪いから」「頭が悪いから」などと考え、なにをしても見えやすくなることはないと誤解している

子どもが読み書きを苦手にして、自信を失っているのなら、バドミントンなど、勉強以外のことからトレーニングをはじめる

3 見えやすくなる

眼の使い方が身についてくると、読み書きや運動をするときに、字や人の動き、ボールの動きなどが見えやすくなる

4 勉強や運動にとりくめる

見えやすくなったことで、勉強や運動などに対して、子どもが本来もっていた力を発揮しやすくなる

5 自信が育っていく

成功することが増えて、子どもが自信をつけていく。新しいことにチャレンジする気持ちも育つ

POINT

目標がもてる

見えづらさがやわらぎ、できることが増えると、子どもが目標をもてるようになっていく。ビジョン・トレーニングは夢をもつことにつながっていく。

ボールが見えやすくなったことで、サッカー選手になるという夢をもつことができた。このように、楽しめることを見つけよう！

POINT

特性はかわっていない

ビジョン・トレーニングをしたからといって、発達障害の特性がなくなるわけではない。しかし、少なくとも見えづらさという悩みは解消する。

×

勉強や運動にとりくめない

ものを上手に見る力が育ちにくいため、勉強や運動に自信をもってとりくむことが難しくなる。P96の環境調整を試してみて

結果をチェック! 成功しているか

トレーニングは視覚機能の発達をうながすと同時に、子どもの自尊心の回復を支えるものでなくてはいけません。子どもがトレーニングの課題に成功しているかどうか、チェックしてください。何回に1回、成功していますか？

↓

対策 2回に1回は成功するのが、適度な難易度です。それより難しいと自信を失いやすく、それより簡単だと意欲を失いやすくなります。難易度を調整しましょう。

トレーニングの効果

視覚機能は一度鍛えれば ずっと働き続ける

どういう意味？

ビジョン・トレーニングによって発達するのは、視覚機能の基本的な部分です。トレーニングによって基礎の部分が整うと、その後はずっと見えやすさが持続します。

注意点は？

効果の出るタイミングや定着するタイミングには個人差があります。視覚機能の働きが定着するまで、できれば1年間はトレーニングを続けてください。

2 視覚機能が働きはじめる

4～6ヵ月ほどトレーニングにとりくみ続けると、視覚機能の基本的な部分が改善。視覚が適切に働きはじめる

以前は本もマンガも読まなかった子が、マンガには興味を示すように

1 改善のきざしが出る

トレーニングをはじめてから1～3ヵ月ほどたつと、子どもの見え方に改善のきざしが現れることが多い

3 視覚機能が定着する

トレーニング開始から1年ほどで、視覚機能の働きが定着する。その後は生活のなかで眼をよく使っていれば、機能は働き続ける

学校で失敗することが減り、元気に登校できるように
12ヵ月
9ヵ月

POINT

1年を目標に

平均的には、1年ほどトレーニングにとりくむと、効果が定着してくる。まずは1年間を目標に。その後はときどきトレーニングをする程度でよい。長期間になるからこそ、続けられる内容を選ぶ。

POINT

やめると落ちる

ある程度、効果が出てきていても、トレーニングを中断すると、再び見えづらくなる場合がある。見えるようになってきてからも、続けたほうがよい。

結果をチェック! 戻っていないか

数ヵ月間トレーニングにとりくんだのに、その後、しばらく休んだために見え方がもとに戻ってしまったという子がいます。もとどおりになってしまった場合には、視覚機能がまだ定着していません。

↓

対策 中断によって視覚機能がもとに戻ってしまっても、トレーニングを再開すれば、また鍛え直すことができます。

トレーニングの効果

大人でも毎日続ければ効果が期待できる

どういう意味？

ビジョン・トレーニングでは、眼の筋肉を鍛えることで、眼球運動を発達させます。大人もトレーニングをすることによって、見えやすさを獲得できるのです。

注意点は？

視空間認知やボディ・イメージなど、認知的な機能については、小さいころのほうが発達しやすい特徴があります。大人でも効果はありますが、眼球運動ほどではありません。

1 見えづらさがある

大人も子どもと同じように、見えづらさがある場合には、視覚機能の問題が背景にあることが考えられる

見え方の悩み（大人版）

パソコン作業で人より疲れやすい

書類をつくったり読んだりするのが苦手

手作業をするとき、ミスが多い

見て学ぶことが苦手。見本のとおりにできない

車の運転が苦手。事故を何度か起こしている

上司から「書いてあるのになぜ見落としたんだ！」と叱られることが多い

2 大人も検査を受ける

視覚機能の専門家に相談し、検査を受ける。視覚機能のうち、うまく使えていない部分を把握する

POINT

数ヵ月間で改善

トレーニング開始から4〜6ヵ月たつと、じょじょに見え方がかわってくる。個人差があるため、あせらずにとりくむ。

3 トレーニングを実践

子どもと同じように、トレーニングにとりくむ。大人の場合はキャラクターを使ったりはしないが、基本は同じ

親子でいっしょに、走っている車のナンバープレートを読む。追従性眼球運動を使うトレーニングになる

4 生活のなかでも練習

日常生活でも、眼をよく動かすように意識する。時間ができたときに看板を見たり、動いているものを眼で追うなどする

POINT

効果が出にくい場合も

視空間認知やボディ・イメージ、眼と体の協応など、認知能力や記憶力、運動能力も関わることは、総合的な問題なので、大人は改善しにくい場合もある。

5 半年ほどで変化がある

大人の場合も、数ヵ月たつと、改善のきざしが現れることが多い。書類の読みとばしが減るなど、生活しやすくなる

結果をチェック! 半年後に変化は

子どもといっしょにトレーニングにとりくんでみて、半年ほどたった時点で、以前との変化をリストアップしてみましょう。とくに、仕事や家事について、やりやすくなった点をあげてみてください。

↓

対策 変化がなければ、トレーニング方法をかえたり、ビジョン・トレーニング以外のとりくみをするなど、対応の幅を広げます。

ひとこと
アドバイス

子どもによってレベルも好みも異なる

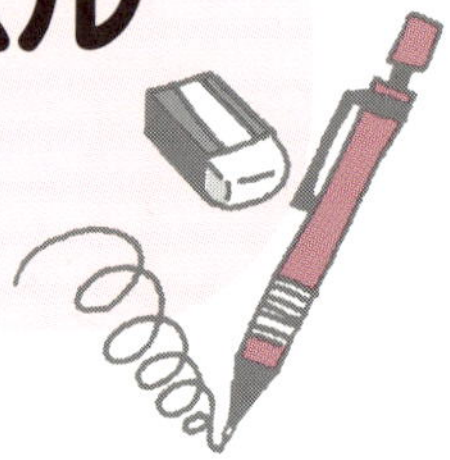

どういう意味？

子どもによって、必要な対応は異なります。本書やほかのワークブックを見て、そのとおりのトレーニングをおこなうだけでは、効果が出てきません。

注意点は？

子どもが興味をもってとりくめるように、道具や難易度を工夫しましょう。どんなにすぐれたトレーニングでも、いやいやとりくんでいては、逆効果です。

1 やる気が出ない

トレーニングをすれば
見えやすくなると言われても、
子どもはなかなか信じて
くれないもの。やる気が
出ない子もいる

2 興味をいかす

子どもの好きなキャラクターや
スポーツ、芸能人などの
イラスト・写真をトレーニングに
活用して、楽しめるように
工夫する

冷蔵庫にキャラクターのマグネットをつけ、子どもに見せる。親が特定のキャラクター名を読み上げて、探してもらう。好きなキャラクターを探すことがトレーニングに

POINT

道具を使う

キャラクター製品やボール、ラケット、電車のおもちゃなど、子どもが興味を示す道具を活用する。走るおもちゃを眼で追うことなどができる。

年齢が上がるとともに、トレーニングの内容をかえていく。高学年になってくると、数字探しが算数のテストの役に立つと思って、がんばることもある

3 レベルが合わない

難しすぎても簡単すぎてもいけない。どちらも子どもがトレーニングへの興味を失い、とりくまなくなってしまう

4 難易度をかえる

回数や文字数、線の数などをかえることで、難易度が調整できる。子どもが2回に1回成功する難易度がベスト

5 その後も調整する

難易度をかえたあと、子どもが上達して毎回成功するようになったら、再度調整。つねに「少し難しい」状態に

結果をチェック! 楽しくできているか

なにより重要なのは子どもの表情や、トレーニングに対する感想です。笑顔で「おもしろいね」「できた！」などと言って、トレーニングを楽しみ、成功することに喜びを感じていれば、難易度がちょうどよくなっています。

↓

対策 子どもが「もう嫌だ」「つまらない」などと言い、興味のなさそうな表情をしていたら、すぐに道具やレベルをかえましょう。

POINT

レベルのかえ方は3とおり

- 見るものの大きさや色、形などを変更。少し見えやすくして、再チャレンジする
- トレーニングの回数や時間、目標を変更。子どもの上達度に合わせてかえやすい
- バランスボードを使うなどして、バランスをくずしながらトレーニングする

ひとこと
アドバイス

両親や教師は子どもの努力を毎日ほめる

どういう意味？

ビジョン・トレーニングの効果は少しずつ、ゆっくりと現れます。子どもがあせらずにとりくめるよう、小さな成長を毎日ほめるようにしてあげてください。

注意点は？

成長や進歩を探そうと意識しすぎると、子どもをせかすような対応になりがちです。できなくても、しからないで。子どものありのままの姿をみて、そのなかでできたところをほめましょう。

1 効果を正しく知る

親がトレーニングのねらいや効果を理解して、子どもに説明する。すぐにできるようにならなくてもよいことを教える

子どもがもぐらをうまくたたけたら、そのたびに「すごい」とほめ、ハイタッチをするなどして、いっしょに喜び合う

2 毎日ほめる

ちょっとしたことでもよいので、毎日ほめることを心がける。成功・失敗の2つに分けて考えるのをやめ、失敗してもそこまでの過程をほめる

POINT

小さく多くほめる

子どもが大成功するまで待って「大きく少なく」ほめるのはよくない。成功しにくい子はいつまでもほめてもらえない。ささいなことでも喜んで「小さく多く」ほめよう。

4 言語化してほめる

「やったね」などの抽象的な言い方で
ほめてもよいが、「○○ができたんだ、
やったね」と成功したことを言語化
してあげると、さらによい

3 変化を見つける

ほめるところがなかなか見つからない
ときは、子どもの変化に注目。
失敗していても、挑戦する回数が
1回増えたのなら、そこをほめる

体育の授業でパスを上手にキャッチ。そのとき教師がほめてくれれば、子どもの意欲につながる

POINT

意欲につなげる

トレーニングがスポーツの上達や、テストの点数アップにつながることがわかると、子どもの意欲が増す。勉強や運動がうまくできたときに「すごいね。トレーニングしてよかったね」などと、トレーニングの効果を伝えながらほめるとよい。

5 ポイントではげます

トレーニングにとりくんだ日は
カレンダーに子どもの好きなキャラクターの
シールを貼るなど、道具を使って
子どもをはげますのもよい。ポイント制にして、
毎日トレーニングするとポイントがたまり、
シールをもらえるという
方法でも楽しめる

結果をチェック! 言語化できているか

ほめ方が単調になると、子どもの意欲が弱くなっていく場合があります。ほめるときに言った言葉を思い出してみて、子どもの成長を具体的に言語化できているかどうか、確認してください。

↓

対策 子どもがよくできたことを書き出して、言語化しましょう。また、自信のない子はしかられることに耐える力が弱いため、できるかぎり肯定的な言葉を使いましょう。

ひとこと
アドバイス

生活環境を整えれば、効果はさらにアップ

どういう意味？

発達障害の子は気がちりやすいなど、生活上の困難を抱えています。その点への配慮もおこなえば、トレーニングに集中してとりくむことができ、効果が上がります。

注意点は？

子どもによって、必要な配慮は異なります。どのような環境調整をおこなえばよいか、発達障害支援の専門家と相談してください。

1 生活環境を整える

子どもの生活環境を、その子の特性に合わせて整える。とくにトレーニング中の机やイス、道具を確認する

照明の当たり具合を確認。とくにLDの子は明るさが適切でないと、もともと見えづらいのが、さらに困難に。よけいな光が当たっていないかどうかもチェック

机とイスのサイズや高さを確認する。子どもの姿勢がくずれやすかったり、見づらそうにしているときには、とくに高さの調整を

ふだん遊んでいるスペースでそのままトレーニングしていると、効果が出にくい場合も

ADHDの子はトレーニングするスペースによけいな道具やおもちゃがあると集中しにくい。自閉症・アスペルガー症候群の子はスペースについたてがあると落ち着く

ペンや定規の持ちやすさ、ラケットなどトレーニングに使う道具の大きさをチェック。大人用の道具では使いづらくてトレーニングにとりくめない場合も

たて組みの文章と横組みの文章を見せてどちらがよいか選んでもらう。子どもの読みやすい書式を調べていく

2 印刷内容を整える

トレーニングに使うワークシート類や、ふだん使っている教科書、ノート、プリントなどを子どもが読みやすい書式にかえる

文章に補助線を引く。途中で視線がずれることを防ぐ。単語ごとにスラッシュを入れたり、空間を入れたりするのもよい

拡大もしくは縮小コピーする。子どもの眼の動かし方に合ったサイズにすると、それだけでとりくみ方が劇的にかわる場合も

ワークシートを自作している場合は、印刷の仕方を工夫する。文字について、大きさや書体、間隔、色分け、漢字の量、たて横の向きなどを変更したものを2種類用意して見せ、どちらが見やすいか聞く。また、図表の有無をかえたものも見せる。図表があると混乱する子もいる

3 トレーニングを続ける

環境、道具、印刷物を整えたうえで、トレーニングを続ける。環境調整によってトレーニングの結果がかわる子も多い

結果をチェック! 調整してかわったか

環境や印刷物をかえたことが、トレーニングや生活にどのような影響を与えたか、確認しましょう。子ども本人が「読みやすい」と言っていても、変化がなければ、もっと工夫をしたほうがよいかもしれません。

↓

対策 比較や確認をくり返して、その子に合った個別対応を探していってください。時間をかけてとりくみましょう。

コラム

環境調整に役立つ100円アイテム

クリアファイル

薄く色のついたクリアファイルにプリントを入れると、色のコントラストがかわる。それによって読みやすくなることがある。好きな色は子どもによって異なる

ルーペ

小さなルーペや細長いルーペを買っておけば、拡大コピーの手間がはぶける。読ませたい文字にマーカーを引き、そこにルーペを当てて読んでもらう

ペンのグリップ

手先が不器用な子には、にぎりやすいペンを使ってもらう。グリップ部分だけ販売していることもある

厚紙

1行分のスペースをカッターで切り抜き、読むときの補助シートに。補助シートを当てて教科書を読むと、読みとばしが減る

そのほか

トレーニングに使える方眼紙やブロック、棒、輪ゴムなども100円ショップで手に入る

安価な道具も使い方しだいで便利な「支援グッズ」になる

健康ライブラリー

発達障害《はつたつしようがい》の子《こ》の
ビジョン・トレーニング

視覚《しかく》を鍛《きた》えて読《よ》み書《か》き・運動上手《うんどうじようず》に！

2011年 9 月12日　第 1 刷発行

2012年12月 6 日　第 6 刷発行

監　修　北出　勝也（きたで・かつや）

発行者　鈴木　哲

発行所　株式会社講談社

東京都文京区音羽二丁目12-21

郵便番号　112-8001

電話番号　出版部　03-5395-3560

販売部　03-5395-3622

業務部　03-5395-3615

印刷所　凸版印刷株式会社

製本所　株式会社若林製本工場

N.D.C.493　98p　21cm

ISBN978-4-06-259670-1

■監修者プロフィール

北出 勝也（きたで・かつや）

兵庫県生まれ。視機能トレーニングセンターJoy Vision代表、米国オプトメトリスト。兵庫県特別支援教育相談員。関西学院大学商学部卒業後、キクチ眼鏡専門学校をへて、米国パシフィック大学へ。米国の国家資格「ドクター・オブ・オプトメトリー」を取得。日本に数少ない「米国オプトメトリスト」として、発達障害の子やスポーツ選手の視覚機能の検査とトレーニングに従事。2009年に一般社団法人視覚トレーニング協会を設立、代表理事を務める。

著書に『学ぶことが大好きになる　ビジョントレーニング』（図書文化社）など。

■参考資料

奥村智人著『教室・家庭でできる　「見る力」　サポート＆トレーニング　発達障害の子どもたちのために』（中央法規出版）

リサ・A・カーツ著、川端秀仁監訳、泉流星訳『発達障害の子どもの視知覚認知問題への対処法　親と専門家のためのガイド』（東京書籍）

北出勝也著『読み書き・運動が苦手なのには理由があった　学ぶことが大好きになる　ビジョントレーニング』（図書文化社）

北出勝也著『えじそんぶっくれっと⑤　ちゃんと見えているかな？　視覚の専門家オプトメトリストからのメッセージ』（えじそんくらぶ）

内藤貴雄著『眼から鍛える運動能力　～ビジョントレーニングのすべて～』（日刊スポーツ出版社）

ハンス・G・ファース／ハリー・ワックス著、武富真紀訳『思考のための学校　ピアジェ理論による教室や家庭でできる知能の鍛え方』（東京図書出版会）

●編集協力　オフィス201　重信真奈美

●カバーデザイン　小林はるひ（スプリング・スプリング）

●カバーイラスト　山本正明

●本文デザイン　勝木雄二

●本文イラスト　植木美江　千田和幸